# 그리우면 떠나라

# 그리우면 떠나라

Nova 박성빈 글·사진

랜덤하우스

## Contents

**CHAPTER 1**    세상 속에 버려진 나
봄날 · 오르막길 · 처음 · 운이 없었던 것뿐이야 · 런던에서 길을 잃어본 적 있나요?
공중전화가 눈을 깜빡거리는 이유 · 기억을 건드리다 · 흐르는 시간 · 여유 · 바람
동화 속 마을 · 풍경만큼이나 아름다운 간판들 · 비 내린 후 · 별

**CHAPTER 2**    헤어짐 후에 오는 것들
사랑한다는 그 흔한 말 · 낯선 여행지의 외로움 · Rainy Day · 내 마음속의 프라하
멈춰진 시간 · 슬픈 회전목마 · 베네치아 · 시선이 머무는 풍경
마음속의 방 · 익숙한 그 길 · 기억 속으로 · 옆자리 · 너에게 난
어떤 사랑 이야기 · 남과 여 · 함께 한다는 것 · 고슴도치

**CHAPTER 3**    꿈을 담는 카메라
카메라에 날개를 달자 · 노스탤지어 · 내 눈은 50mm F1.0
삶의 무게 · 이야기가 있는 사진 · 행복한 상상
뷰파인더 속의 프라하 · 추억의 빛, 카메라

CHAPTER 4　나에게로 떠나는 여행
고대의 이탈리아 속으로 · 바티칸 · 첫 번째 위기 · 나에게로 가는 길
새로운 시작 · 두 번째 위기 · 인터라켄으로 · 알프스
마지막 한걸음 · 하늘이 울먹이던 날 · 내 마음속의 파리
a night in paris · 아쉬움 · 나에게로 떠나는 여행

CHAPTER 5　I'M NOVA
Into The Rain · 내가 여행하는 방법 · 비상
여행을 떠나는 이유 · 유럽에게 · 여행이 남겨준 것들 · 고독의 끝

EPILOGUE　나는 행복했다

Chapter 1

# 세상 속에 버려진 나

가슴이 뛰고 있다는 건
아직도 추억하고 있다는 증거.

# 봄날

겨울이 가면 봄이 오는 게 당연한 이치겠지.
하지만 때로는 잊고 싶은 기억들이 떠올라.
너무나 좋았던 추억들이 발목을 잡고 지치게 하거든.
이런 아픔마저도 봄이 내게 주는 선물.

## good bye
# 오르막길

오르막길 앞에 설 때마다 그랬던 것 같아.
잠시 멈춰서 심호흡을 크게 한번 하고는, 오른손 약지에 끼워져 있는
내 오랜 반지를 만지작거리지.
내가 긴장했을 때 하는 행동이야.
오르막길은 늘 나에게 작은 설렘과 흥분을 안겨주곤 했어.
숨을 헐떡이며 오르막길을 올라,
흐르는 땀을 닦으며 아래를 내려다보지.
그리고 옹기종기 모여 있는
빨갛고 세모난 지붕의 집들을 상상하곤 했어.

"휴대폰 줘 봐."
"……."
"휴대폰에 내 번호 입력해 놨으니까 밤에 문자 보내."

그날,
새로 산 구두가 발뒤꿈치를 짓누르던 날.
한 손에는 무거운 짐을 들고
한 손으론 얼굴로 흘러내리는 땀을 훔치며

힘겹게 오르막길을 오르던 중이었어.
말하지 못했지만 아팠어.
발뒤꿈치도 많이 아팠고, 그렇게 이야기하고 돌아선
너의 뒷모습을 보는 내 가슴도 아팠지.
발뒤꿈치는 살이 벗겨져 피가 났지만
가슴에는 어느새 알 수 없는 새살이 돋아나는 것 같았어.
아픔을 참으며 더 열심히 오르막길을 뛰어 올라갔어.
멀리서 네가,
환하게 웃으며 달려올 것만 같아 차라리 눈을 감아버렸지.
그러면 잠시라도 편안할 수 있잖아.
불안한 감정도 없고, 이런 감정 시시하다고 부정하지 않아도 되고,
가슴이 이야기하는 낮은 소리를 들을 수 있잖아.

되돌릴 수 없다면 뒤돌아보지 말자고 생각했어.
그러나 이젠 기억 속에 잠겨 있는 나를 뒤돌아보기 위해 떠나.
그 언젠가 네가 나를 떠났던 것처럼 말이야.

## good bye 처음

'처음'이란 단어에는 설렘이 있다.
그때는 알지 못했다.
설렘이라는 단어에는 눈물 또한
맺혀 있다는 것을.

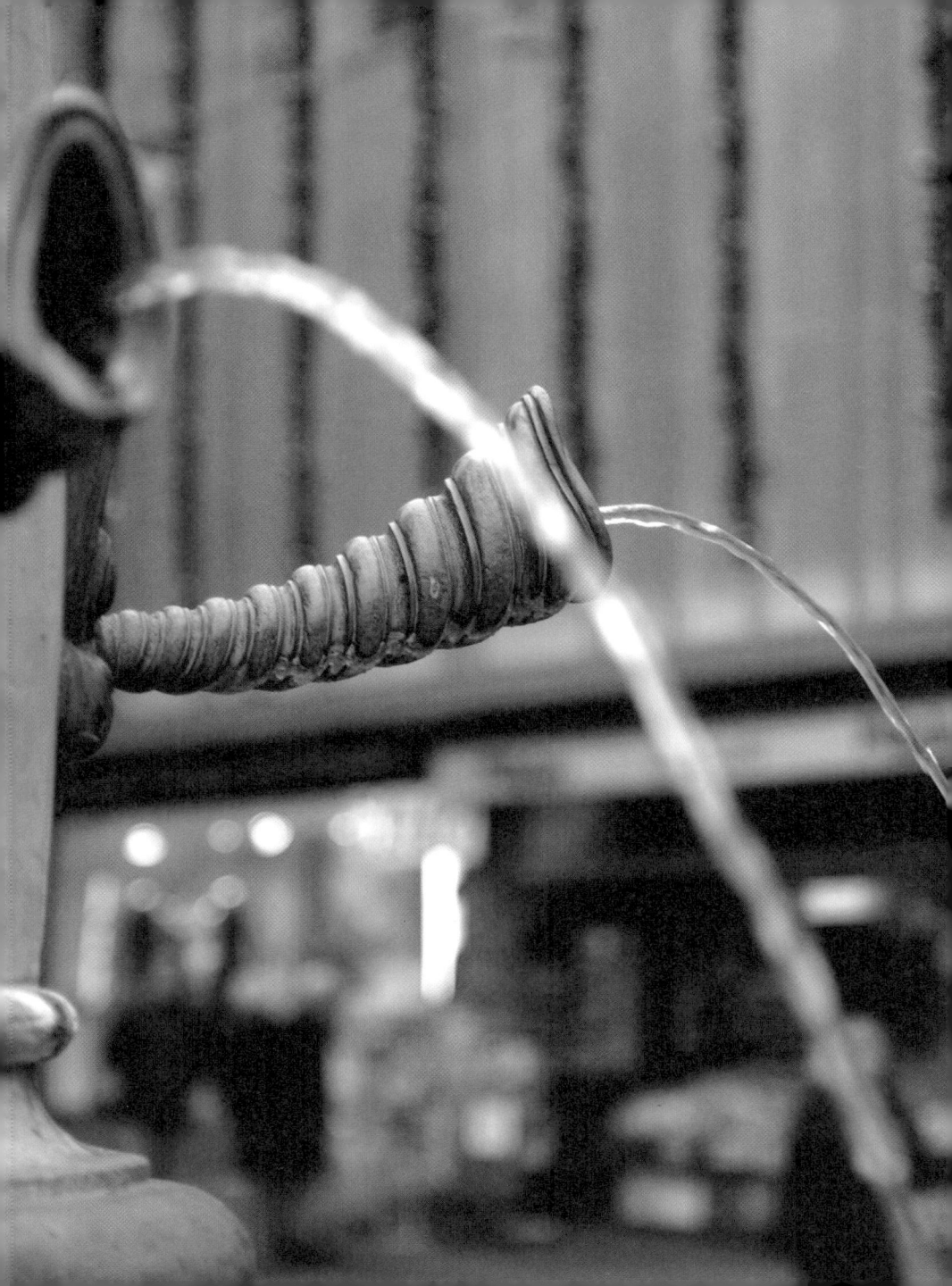

뜬눈으로 밤을 지새웠다. 원인을 알 수 없는 불안한 마음에 애꿎은 배낭만 쌌다 풀었다를 반복했다.
공항으로 가는 길.
함께 떠나게 된 J가 옆에서 콧노래를 부른다.
콧노래 때문인지, 한동안 보지 못한다는 아쉬움 때문인지 오늘따라 차창 밖으로 보이는 한강이 무척이나 아름다워 보인다.
무료했던 일상도, 바보 같았던 내 모습도, 그리고 지난날의 기억도 잊어야 한다고 되뇌며, 웃으면서 돌아오겠다고 다짐하고 또 다짐을 해 본다.
처음 타는 비행기는 지루하지도, 재미있지도 않았다.
나는 통로 쪽에 앉아서 누군가를 기다리는 사람처럼 두리번거리며 기내의 여러 사람들을 구경했다. 어떤 이유인지는 모르지만 어쨌든 떠나는 사람들을.
사람들을 보며 상념에 젖어 있을 때쯤 식사 카트를 끌고 나타난 승무원이 나를 보고 친절하게 미소를 보낸다. 순간 나는 당황하여 어색하게 웃어버렸다. J는 금단현상에 괴로워하다가 잠이 들었고, 기내식이 처음이라 어리둥절한 내게 승무원은 테이블을 세팅해 주고 적당한 식사와 음료수를 권해 주었다.
식사가 끝난 후에 제공되는 따뜻한 커피 한 잔으로 긴장이 풀리고 편안해짐을 느낄 수 있었다.

런던 히드로 공항에 도착한 건 저녁 늦은 시간이었다.
수많은 외국인들, 여기저기서 들려오는 알아들을 수 없는 언어들, 순간 긴장과 흥분이 교차하면서 가슴이 벅찼다.

"무슨 일로 왔나요?"
"여행 왔습니다."
"며칠 동안 머무를 거죠?"
"6일이요."
"영국의 어디를 방문할 건가요?"
"런던이요."
"런던 말고 다른 곳은 어디를 갈 겁니까? 영국에 갈 곳이 얼마나 많은 줄 아세요?"
"런던만 갈 겁니다."
순간 당황해버렸다.
'케임브리지도 가고, 윈저에도 갈 거라고요.'
마음속으로 외쳐본다.
"숙소는 정했나요?"
"민박할 겁니다."
"돈은 얼마나 가져왔어요? 돌아가는 항공권은 있나요? 보여주세요."
"……."
결국 공항 한복판에서 복대를 풀고 모든 걸 다 확인시켜 준 뒤에야 입국 심사대를 통과할 수 있었다.
아무리 침착하려 해도 처음 대하는 상황에서는 항상 긴장을 하게 마련이다. 긴장하지 말아야지, 어색해 보이지 말아야지 하고 마음속으로 아무리 다짐을 해도 결국은 들통이 나고 마는 것.
재채기처럼, 사랑처럼 절대로 숨길 수 없는 그런 것.

## good bye
# 운이 없었던 것뿐이야

유난히 짝사랑을 많이 하는 후배 녀석이 있었다.
어느 날 그 녀석이 술자리에서 느닷없이 하는 말이
"형. 첫사랑만 이루어지지 않는 줄 알았는데. 나에게 사랑은 늘 이루어지지 않더군요."
"있잖아. 그건 그저 운이 없었던 것뿐이야."

## good bye
## 런던에서 길을 잃어본 적 있나요?

런던이라는 도시는 익숙하면서도 낯선 곳이다.
안개가 자욱하고, 하루 종일 축축한 비가 내리는 곳.
영화 속 배경에서 아름다운 로맨스를 꿈꾸게 하는 곳.
하지만 왠지 로맨스보다는 우울함이 더 어울릴 것 같기도 한 그곳.
언젠가 꼭 가보고 싶다고 그녀가 늘 이야기하던 곳.
그래서 무작정 그리웠던 곳.

딱딱한 빵으로 아침을 간단히 해결하고 길을 나섰다.
런던은 안개필터를 끼운 듯 뿌옇게 시야가 흐려져 있다. 모든 게 명확하지 않은 내 머릿속 같다.
자욱한 안개를 뚫고 빨간색 이층 버스가 유유히 지나간다.
마치 물안개가 피어나는 잔잔한 호수에서 나룻배가 미끄러지듯이.
버스 차창에 앉은 꼬마 아이는 낯선 나에게 따뜻한 미소를 지어 보였다. 어쩌면 나만의 착각이었을지도 모르겠다. 그래도 상관없다.
그 작은 착각 덕분에 오늘 하루는 행복할 것 같다.

첫 번째 목적지는 버킹엄 궁전의 근위병 교대식이었다.
주위의 말을 듣고 상상했던 것만큼 볼거리가 많은 건 아니었지만 어쨌든 사진은 찍기로 했다. 그러나 교대식을 보려고 둘러싸여 있는 인파 속을 헤집고 들어가 사진을 찍는다는 게 여간 어려운 일이 아니었다. 하는 수 없이 J를 목에 태우고 사진 찍기에 도전했다. 다리가 후들거리고, 땀이 흐르기 시작했다. 성인 남자를 목에 태우고 있는데 너무나 자연스러운 현상 아닌가. 이런 나의 사정은 아랑곳하지 않고 한국인들이 여기저기서 사진을 찍어달라고 카메라를 맡긴다. 나와는 달리 목에 올라가 있는 J는 무척이나 신이 나 있다.

가이드북에 있는 지도만으로 목적지를 찾아가는 건 쉽지 않은 일이었다.
한참을 헤매다가 두 번째 목적지인 트라팔가 광장에 도착했다.
미술관이나 박물관에 전혀 관심이 없는 나였지만 세계적으로 유명한 예술작품들이 즐비한 런던에서는 미술관 관람의 유혹을 뿌리칠 순 없었다. 우리는 내셔널 갤러리에 가보기로 했다.
내셔널 갤러리에 걸린 그림들은 그 명성에 걸맞게 아주 크고 멋졌다. 그러나 붐비는 사람들과 여전히 관심이 가지 않는 갤러리에서 많은 시간을 허비하고 싶지는 않았다. 차라리 런던의 거리에서 그곳에 사는 사람들의 생활을 느끼는 편이 나을 것 같았다.
갤러리를 꼼꼼히 관람하려면 하루 온종일 둘러보아도 부족하다고 한다. 하지만 우리는 단 20분만을 그곳에 허락했다. 그리고 다음날은 40분, 그 다음날은 한 시간. 이렇게 시간을 늘려가는 동안 나도 모르게 그림의 매력에 빠져들기 시작했다.

매번 보던 풍경이 낯설게 느껴질 때가 있다.
눈길도 주지 않던 낯선 풍경을 무심코 바라본 것도 아닌데,
오랫동안 바라보던, 익숙한 풍경들이
어느 날 갑자기 낯선 모습으로 와락 덤벼든다.
아무리 걸어도 같은 자리를 맴도는
길을 잃고 텅 빈 거리에 홀로 남겨진 기분.
허공에 흩어진 물방울이 보이니?
땅을 쳐다보지 마. 날개를 접지 마.
너도 나처럼 길을 잃었나 보구나.
런던에서 길을 잃어본 적 있나요?

## goodbye 공중전화가 눈을 깜빡거리는 이유

천 원짜리 지폐 한 장을 들고 상점으로 들어갑니다.
껌을 한 통 사고, 동전을 챙기면서도
시선은 공중전화를 향해 있어요.
누가 먼저 차지하지는 않을까,
괜한 걱정에 발걸음이 빨라집니다.
조금 기다리는 건 상관없지만,
준비해 온 재미있는 이야기를 잊어버릴까봐 조바심이 납니다.
주머니에는 동전이 한가득,
수화기를 들고 목소리도 가다듬죠.

이제 모든 준비는 끝났습니다.
하지만 그와 동시에 준비했던
모든 이야기도 까맣게 잊어버렸습니다.
어느새 머릿속은 하얗게 변해 있습니다.
어색한 침묵의 시간이 흐르고,
동전을 잔뜩 넣었는데도 전화기는 눈을 깜빡깜빡거립니다.

사랑을 표현하세요.
사랑은 하얀 도화지 같은 거랍니다.
한 사람을 담기 위해 비워 둔 하얀 도화지 같은 것.
도화지 속에는 하늘과 땅만 있으면 충분해요.
도화지를 당신이 사랑하는 사람에게 선물하는 거예요.
사랑의 그림을 혼자서 완성하려고 하면 안 됩니다.

용기를 내세요.
그렇지 않으면 지금까지 넣은 동전보다 몇 배의 동전을
허비하게 될지도 몰라요.
지금 당신에게 필요한 건 재미있는 이야기도,
좋은 목소리도, 동전도 아니에요.
사랑을 사랑이라고 말할 수 있는 진실한 마음이며,
용기입니다.

## good bye
# 기억을 건드리다

아침에 밥 대신 빵을 먹는 것도, 또 양치질을 하기 위해 10분씩 기다리는 것도 어느새 익숙해졌다. 길을 가로지르는 다리를 건너, 가게에서 빵을 사는 일도 너무나 자연스러운 일이다.

오늘은 런던의 공원들을 둘러보기로 했다.

런던에서 가장 인상 깊었던 것 중의 하나가 바로 도심 한가운데 펼쳐진 넓은 공원들이다. 여유로운 표정의 사람들과 동물들, 언제든지 등을 기대면 스르륵 잠이 올 것 같은 벤치. 끝없이 펼쳐진 초록빛 잔디밭에는 어디에도 '들어가지 마세요' 라는 표지판을 찾아볼 수 없다.

하늘 한 번 보고, 나무 한 번 보고, 느린 걸음으로 콧노래를 흥얼거리며 걷는 그 길에서 초록빛 향기에 젖어든다.

산책을 하다가 혹은 벤치에 앉아서 쉬다가, 서로 눈길만 마주쳐도 웃으면서 눈인사를 나누는 모습은 서로에게 무관심한 채 눈길조차 건네지 못하고 앞만 보며 걸어가는 우리들과 사뭇 달랐다. 그들이 가진 여유로움이 부러웠다.

물가가 비싼 런던에서 생각보다 많은 돈을 쓴 우리는, 슈퍼마켓을 이용하기로 했다. 공원 근처의 그곳에서 샌드위치와 포테이토칩을 하나 샀다. 누런색의 씁쓸한 맛이 나는 샌드위치는 어떻게든 먹어 보려 했지만, 결국 고추장에 찍어서 겨우 먹을 수 있었다.

점심을 해결하고 나자 나른한 졸음이 밀려온다. 적당한 곳을 골라 잠깐 눈을 붙이려는 순간 바람도 제법 불고 빗방울이 뚝뚝 떨어진다. 런던의 날씨는 듣던 대로 변덕스러웠다.

런던에서 맞는 마지막 밤.
익숙해져버린 런던을 막상 떠난다고 생각하니 모든 것이 달리 보였다. 숙소로 돌아와 다른 여행객들과 맥주 한 잔으로 마지막 밤을 마무리했다. 오랜만에 술잔을 부딪치며 이야기를 나누다 보니 가족들도, 친구들도 보고 싶었다. 누군가를 보고 싶다는 느낌이 든 건 오랜만이다. 정말…… 오랜만이다.

드디어 마지막 날에 보려고 아껴두었던 타워브리지 야경을 보러 가기로 했다. 여행 떠나기 전 영화에서 본 타워브리지는 너무나 감동적이었기에 많은 기대를 했었다. 내가 감정이 메마른 건가. 멋지긴 했지만, 감탄할 정도는 아니었다. 강변에 앉아 맥주를 마시고 있자니 유람선에서 낯익은 피아노 선율이 흘러나온다.
'Love affair……'
내겐 아주 특별한 음악이었고, 잠시 시간을 멈추게 하는 음악이었다. 잠시 잊고 지냈었는데, 런던에 와서 이 음악을 들을 줄은 몰랐다.
왜 이렇게 가슴이 아픈지, 눈물이 고이고 있었다.
한동안 나는 눈물이 쏟아질까봐 눈을 감지도 못한 채 그렇게 고개만 떨구고 있었다.
'바보처럼……'


런던에서 내가 제일 좋아하는 빅 벤
파랗게 물든 저녁 하늘, 맥주 한 캔
숨을 쉴 때마다 새어나오던 작은 숨소리와 입김
우리를 비춰주던 낮은 조명
말없이 나를 지켜봐주던 친구
소리 없이 들썩이던 어깨
갑자기 눈앞이 흐려져서
앞이 잘 보이지 않았던 기억

햇빛 눈이 부시던 날,
웨스트민스터 브리지를 지나다가 나도 모르게 멈춰 버렸어.
아마도 알 거야.
오랫동안 하늘을 올려다보면,
흔들리는 자신을 잠시 잊게 되지.

햇빛 눈이 부시던 날 템스 강을 바라보며……

## good bye
# 흐르는 시간

구름 한 점 없이 파란 하늘에 햇빛 눈이 부신 날.
눈물이 그렁그렁 맺힌 듯, 눈앞이 흐려지는 구름 가득한 날.
잔잔한 호수에 작은 동심원이 일렁이는 비 내리는 날.
어떤 날을 좋아하니?

가끔 사람은 참 간사하다는 생각이 든다.
며칠씩 내리는 비에 지쳐
그렇게 맑은 하늘과 빛나는 태양을 기다리다가도
뜨거운 태양에 지쳐 버리면 또 금세 비를 기다리니까.
소중한 사람이 곁에 있을 때는
그 사람의 향기를 느끼지 못하다가
막상 곁에 없을 때 그리워하고 후회하는 것과 비슷하다.

그래, 이제는 저 구름이 태양을 가리듯
너와 나 사이에 구름이 가려
더 이상 눈물 흘리지 않아야 할 때.

머무는 기억들을 흐르는 시간이 가려 주어야 할 때.

## 여유

그곳에 가면 그림 같은 정원이 펼쳐진다.
영국식 정원을 그대로 옮겨 두었다던데
유럽의 공원은 어디를 가나 비슷한 느낌.
아름다운 구름과 초록빛 잔디,
그리고 평화로운 표정의 사람들,
바람이 불어왔으면 좋겠다.
저 그림자들이 다 내게로 달려오도록.

공원에 오면, 모두 행복해 보여.
사람, 하늘, 나무, 꽃들까지 모두 행복해 보여서
그 순간만큼은 나도 행복한 것 같아.

날개를 머리 위로 올려 하트를 만드는 백조.
'사랑해' 라고 말하는 것 같아.
사랑하는 사람에게 사랑한다고 말해 봐.
사랑은 기대함으로 서운케 되고.
욕심으로 허물어지고 표현으로 아름다워지는 거야.

공원에서 한가로운 한때를 보내고 숙소로 돌아가는 길.
일부러 낯선 골목들을 헤매면서 돌아가.
해가 질 무렵 따뜻한 빛을 받으면서 걸어가는 길은
외롭지 않아서 좋아.
길어진 그림자와 콧노래, 그리고 맥주 한 캔이면
발걸음이 가벼워지거든.

## good bye 바람

이곳이
유럽의 어느 강가라는 걸
내가 얘기해 주기 전까지는 아무도 모르겠지.
하지만 내게는 그 바람 냄새까지도 아직 생생한 곳.

내 욕심일까.
굳이 말로 표현하지 않아도
내 표정만 보더라도
나를 느낄 수 있는 그런……
그래,
나도 누군가에게 그런 사람이 되어 주지 못했다는 걸
알아.

# good bye 동화 속 마을

로맨틱 가도는 '알프스를 넘어 로마로 가는 길'이라는 뜻으로 붙여진 독일을 대표하는 관광코스이다. 그 로맨틱 가도의 중심에 바로 로텐부르크가 있다. '시간이 멈춘 도시', '중세의 보석', '로맨틱 가도의 하이라이트'라는 찬사가 전혀 아깝지 않을 만큼 중세의 아름다움을 그대로 간직한 도시 로텐부르크.

비 내리는 날, 지금은 없어진 우리나라의 비둘기호를 연상시키는 소박한 지방선 열차를 세 번이나 갈아타면서까지 찾아갈 가치가 충분할 정도로 그곳은 아름다웠다. 이 조그만 마을에 첫 발을 들여놓으면서부터 감동은 시작되었다. 마을을 둘러싸고 있는 성벽과 울퉁불퉁한 돌길, 마치 시간을 거슬러 온 것 같은 느낌의 아기자기한 집들은 나지막한 탄성을 자아내게 했다.

## 풍경만큼이나 아름다운 간판들

로텐부르크에 들어서면 관광객의 눈길을 잡아끄는 것 중의 하나가 상점에 장식되어 있는 꽃들과 더불어 아름답고 저마다 특색을 갖춘 간판들이다. 유심히 보지 않으면 간판인지 장식인지 구분이 안 갈 정도로 아름다운 문양들로 꾸며져 있는데 심지어 전 세계에 공통적으로 사용되는 자본주의를 상징하는 글로벌 기업인 맥도날드조차 고유의 로고 대신 황금빛의 독특한 로고를 사용하고 있었다. 비록 상점의 간판이라는 작은 부분이지만 이런 작은 부분에서부터 전통을 지키고 이어나가려 노력하는 로텐부르크의 모습을 보면서 놀라움과 함께 부러움을 느낀다.

간판에 이끌려 상점에 들어가 보면 거기에서도 로텐부르크의 또 다른 매력을 발견할 수 있다. 가게마다 재미있고 신기한 물건들로 가득 차 있어서 그것만으로도 충분한 볼거리가 된다.

로텐부르크 관광은 마르크트 광장에서부터 시작된다. 시청 앞은 관광객들과 거리의 악사들이 한데 어우러져 날마다 흥겨운 축제 분위기를 연출한다.

마르크트 광장을 따라 조금만 걸어가면, 아이들이 좋아하는 인형 완구 박물관을 볼 수 있는데, 로텐부르크에서 놓치지 말아야 할 명소이다. 이 안에서는 크리스마스 박물관까지 함께 관람할 수 있는데 화려한 조명과 커다란 크리스마스 트리, 형형색색의 크리스마스 장식들은 보는 이로 하여금 어린 시절로 돌아가게 만든다. 특히 크리스마스 시즌에 로텐부르크에서는 크리스마스 와인이라고 불리는 핫 와인을 맛볼 수 있는데 마르크트 광장에 모여서 따뜻하게 데운 와인을 '호호' 불면서 버터와플과 함께 먹으면 정말 환상적이다.

로텐부르크에서 꼭 가봐야 할 곳은 범죄박물관이다. 유럽 내에 하나뿐인 범죄박물관으로 중세 이후의 유럽 전역의 범죄와 형벌에 관련된 자료들을 전시해 놓은 곳이다. 이제까지 봐왔던 어떤 박물관보다도 상당한 자료들이 잘 분류되어 전시되어 있었다. 범죄자들에게 사용하던 다양한 형벌 및 고문 도구들을 보면서 정말 인간의 잔혹함이란 상상 너머의 끝도 없는 곳에 닿아 있음을 느낄 수 있다.

로텐부르크 중심가를 다 돌고 나서 마지막으로 둘러본 곳은 부르크 가든이다. 로텐부르크 끝에 조성되어 있는 작은 정원으로 마을의 전망을 보기 좋은 곳이다. 해질 무렵 붉게 물든 석양과 함께 하나둘씩 켜지는 마을의 불빛은 여행으로 지친 나그네의 마음까지 따뜻하게 해준다.

로텐부르크는 해마다 100만 명 이상의 관광객이 찾는 유명 관광지이지만 우리나라 사람들에게는 그리 많이 알려져 있지 않다.

전 인류의 역사를 알 수 있는 문화유산의 웅장함과 예술 작품들로 가득한 대도시와는 달리 그저 마음 편안히 쉬어갈 수 있는 곳이 바로 이 로텐부르크가 아닌가 싶다.

만일 어떤 정보도 없이 우연히 이곳을 들르게 되었다면
그 사람은 복권에 당첨된 기분 이상으로
행복하고 만족한 시간을 보내게 될 것이다.
나만의 생각을 털어놓으면, 오래도록 숨겨진 도시로 남아서
'중세의 보석', '시간이 멈춘 도시'가 되었으면 하는 바람이다.
사랑하는 사람과 손잡고 다시 올 때까지
이 모습 그대로 간직해 주었으면 하는 욕심을 내어 본다.

## good bye
# 비 내린 후

진한 콘트라스트의 로텐부르크.
쇼윈도를 바라보는 할머니와 할아버지는
무슨 얘기를 나누고 있을까.
잿빛 하늘에서는
다시 비가 쏟아질 것도 같은데.

마음속에서 비 내리는 날과 화창한 날 사이에 존재하는 시간.
그것을 어떤 이는 그리움이라고 부르고
어떤 이는 미련이라고 부른다.
비는 신비한 능력을 가지고 있다.
내리는 소리만으로도 짙은 기억의 그림자를 거느린다.

아름답고도 슬픈
비 내리는 날.

# goodbye 별

새벽 일찍 일어난 탓인지, 무거운 몸을 이끌고 하이델베르크로 가는 기차에 몸을 실었다.

J는 좋아하는 듯하더니 마지막 남은 담배를 피워버린 걸 알고는 절망하고 있었다. 도저히 못 참겠던지 앞에 앉은 외국인을 어느새 친구로 만들어, 담배를 빌리고 있다.

독일 국경에 다다르자 경찰들이 여권을 검사하러 다닌다.

한국 사람들이 많아서인가. 우리 칸에 오자 한국 사람들은 검사도 하지 않고 그냥 지나쳐 갔다.

중간 기착지인 쾰른에 도착했다.

차가운 아침 공기를 타고, 소시지 냄새와 고소한 빵 냄새가 온 역을 감싸고 있었다. 인포메이션 옆 상점에서 소시지가 노릇노릇 구워지고 있다. 아침을 미처 먹지 못한 우리는 소시지를 단숨에 해치웠다.

쾰른에는 쾰른대성당을 보기 위해 온다고 했던가. 여행 계획에는 없었지만 약간의 시간이 허락했으므로 대성당을 볼 수 있었다. 대성당을 보는 순간 그 거대함과 웅장함에 압도당하지 않을 수 없었다. 더 꼼꼼히 관광을 할 수 없어서 아쉬웠지만 꼭 다시 오리라 다짐하고 하이델베르크 행 기차에 올랐다.

하이델베르크 역에 도착하자마자, 유스호스텔의 위치를 알아보기 위해 인포메이션을 찾았다. 경비를 아끼자는 생각에 비싼 한국어 지도보다는 영어 지도를 사기로 했다. 지도를 보며 30분 정도 걷다 보니 넓은 잔디밭 너머로 신비스럽게 숲에 둘러싸인 유스호스텔이 연기처럼 우리의 시야 위로 피어오른다. 여섯 명의 여행객이 함께 사용하는 도미토리를 배정받고, 1주일 만에 땀에 찌든 옷가지들을 꺼내 빨래를 했다.

40분을 넘게 걸어 구시가 광장에 도착했을 때는 시계탑의 시계가 다섯 시를 가리키고 있었다.

하이델베르크 또한 로텐부르크처럼 중세의 모습을 간직한 매력적인 곳이었다. 옅은 포도주 빛의 건물들이 늘어선 골목을 헤매고 다니는 사이, 어느새 하늘은 어두워지고 있었다. J도 나도 여독이 풀리지 않아 많이 피곤했기에 하이델베르크 시가지 여행은 짧게 마무리하고 숙소로 돌아왔다.

간단히 샤워를 끝내고 자판기에서 음료수 한 병을 빼서 정원으로 나와 오랜만에 하늘을 바라봤다. 별이 참 크고 밝았다. 우리는 잔디밭에 그냥 누워버렸고, 눈앞에는 무수히 많이 반짝이는 별과 한없이 맑게 까만 밤하늘만이 펼쳐져 있었다.

"J야, 노바가 뭔지 아니?"

"……"

J는 대답대신 하늘만 바라보았다.

"어둡던 별이 갑자기 밝아지는 별이 노바야. 망원경이 만들어지기 전에는 이 별을 하늘에 새로운 별이 탄생한다고 생각해서 신성新星이라고 이름을 붙였다고 해. 자신의 운명을 알지 못하는 별. 부서져 버려

운석이 될 수도 있고, 아니면 거대한 별이 될지도 모르는 별. 아직은 아무것도 결정된 것이 없지. 무한한 가능성을 지닌 별이야."
"너는 어떤 별이 되고 싶은데?"
"……."

갑자기 말문이 막혀 버렸다.
나는 어떤 별이 되고 싶은 걸까?
늘 별이 되고 싶다고 말했지만,
어떤 별이 되고 싶은지는 진지하게 생각해본 적이 없었다.
난 이번 여행에서 내 별을 발견할 수 있을까?
우리는 한참 동안 그렇게 누워 있었다.

Chapter 2

헤어짐 후에
오는 것들

헤어짐 후에 오는 것들은
그때는 왜 더 사랑하지 못했나 하는 후회입니다.

## goodbye 사랑한다는 그 흔한 말

샤워를 하려고 세면도구를 챙기는 중이었다.
"네 칫솔 좀 쓰자."
세면실에 들어간 J가 수건을 목에 두른 채 건넨 말이다.
로텐부르크의 숙소에 칫솔을 두고 온 모양이다.
"야, 칫솔을 어떻게 같이 쓰냐. 오늘은 그냥 간단히 해결해."

그녀와 마주친 건 복도 끝 화장실 앞에서였다.
한 손에는 종이컵을 들고, 입에는 파란색 낯익은 칫솔을 물고 있었다.
나와 눈이 마주치자 까만 눈동자가 살짝 흔들렸다.
그리고 아무렇지도 않게 한마디를 건네고 사라졌다.
"네 칫솔 쓴다."

그녀는 그랬다.
남자가 어렵게 건넨 사랑한다는 말에, 시선을 피하며 딴청을 피웠다.
남자는 그저 사랑한다는 말 한마디를 듣고 싶었을 뿐이다.
다시, 용기를 내어 사랑하지 않느냐고 묻자, 낮은 소리로 얘기한다.

"그래 지금은 널 사랑해.

그런데 책임질 수 없는 이야기는 하고 싶지 않아.
지금은 널 사랑하지만 앞으로는 나도 모르겠어.
나도 내 사랑을 믿지 못하는데 네 사랑을 어떻게 믿겠니."

그녀는 그랬다.
유난히 깔끔한 성격에
친한 친구와도, 컵조차 같이 쓰지 않던 그녀였다.
자신을 지킬 수 있을 만큼만 사랑하려 했고
사랑에 있어서 기대는 독이라고 믿었다.
어느 날 그런 그녀가 내 칫솔을 물고 내 앞을 지나갔다.
어쩌면 내가 지나가기를 기다렸을지도 모른다.

그녀의 행동이 무엇을 의미하는지
그때는 미처 알지 못했다.

그날 밤 나는
마음으로 하는 이야기에는 귀 기울이지 못하고,
확인하려고만 했던 내 못난 사랑이 가여워
베개 한가득 눈물을 쏟아내고야 말았다.

## goodbye 낯선 여행지의 외로움

창틈으로 눈부시게 쏟아지는 햇살을 받으며 눈을 떴다. 지난밤의 우울함, 슬픔은 따뜻한 햇살 속에 잠시 접어 두었다.
오늘은 노이슈반슈타인 성으로 유명한 퓌센을 둘러보기로 했다. 그곳에서 성에서 내려다보이는 마을 풍경을 만끽할 계획이다.
J와 따로 다니기로 한 날이기 때문에, 자고 있는 J를 남겨 두고 서둘러 기차역으로 향했다. 이른 아침 기차역에는 떠나보내고 맞이하는 사람들로 북적인다. 그들 사이에 섞여서 허공을 향해 무작정 손을 흔들어 본다. 잘 가라고, 그동안 고마웠고 미안하다고.
지난밤 슬픔의 그림자가 다 가시지 않은 듯, 흔드는 손에서 쓸쓸함이 전해져 온다.
저마다 다른 사연을 간직하고 있을 테지만, 지우지 못한 내 사연은 아직 슬프기만 하다.
기차는 천천히 미끄러져 속력을 내기 시작했다. 하루에도 몇 번씩 타는 기차지만 기차 소리를 들을 때마다 늘 설레고, 가슴이 벅차오름을 느낀다. 그리고 불행히도 늘 그녀 생각이 난다.

퓌센으로 향하는 기차에서 한적한 자리를 찾아 창에 기대어 창 밖의 흔들리는 풍경들을 바라본다. 기차 안에는 한국 여행객들이 많았는데 나는 웃으며 그들과 함께 할 수 없었다. 행복한 이야기 속에서 또다시 그녀를 떠올려 슬퍼하는 모습을 누군가에게 들키게 될까봐 두려웠다. 문득 난 밀려오는 외로움에 가슴을 쓸어야 했다.
이번 역이 퓌센이라는 안내방송이 나올 무렵 비가 내리기 시작한다. 갑자기 내리는 비에, 여행객들의 피난처가 되어 버린 퓌센 역은, 더욱 작고 정겹게 느껴졌다.
노이슈반슈타인 성으로 가기 위해서는, 또다시 버스를 타야 했지만 버스 정류장에 길게 늘어선 줄을 보고서야 제법 많은 비가 내린다는 걸 깨달았다. 하지만 언제나처럼 하늘 한번 보고 바람을 맞으며 걸어가는 쪽을 택했다.
"혹시, 걸어가실 건가요? 걸어서 얼마나 걸리는지 아세요?"
한 무리의 한국 여행객들이 건넨 말이다. 성까지 걸어가기로 한 듯 했다.
처음에는 나무 사이로 이리저리 비를 피하면서 쫓아오더니 옷이 다 젖고 나서야, 들키고야 마는 숨바꼭질을 끝냈다.

노이슈반슈타인 성으로 들어가는 매표소에도 줄은 길게 늘어서 있었다. 뿐만 아니라 표를 샀다고 해서 무작정 성에 들어갈 수 있는 것이 아니어서 정해진 시간까지 기다려야 했다.
성까지 올라가는 길은 가파르기 때문에 마차와 버스를 운행하고 있었지만 이번에도 역시 촉촉한 비를 맞으며 안개 속을 걸을 수 있는 등산로를 나는 선택했다.

30분 남짓 걸어서 도착한 성은 사실 멀리서 보던 것만큼 아름답진 않았다. 그러나 내부에 전시된 가구나 장신구, 그리고 그림들이 볼 만한 구경거리를 선사해 주었다.
성을 둘러보고 나오니, 거짓말처럼 날은 개어 있었다.
기념품 가게에서 엽서를 구경하고 있는데 누가 툭툭 친다. J였다.
따로 다니는 것도 마음먹은 대로 되는 게 아닌가 보다.
이렇게 혼자만의 여행은 아쉽게 끝이 났다.
우리는 숙소로 돌아오는 내내 아무 말도 하지 않았다.
이상하지. 흔들리는 풍경, 침묵, 기차 소리는 여전했지만 마음만은 든든했다.
슬픔의 그림자는 잠시 등을 돌린 듯했다.
아무 말없이 곁에 있어 주는 J가 새삼 너무 고마웠다.

good bye
## Rainy Day

톡 톡 톡
비가 내린다.
가만히 눈을 감고 빗소리를 듣고 있으면…….
콧노래가 흘러나온다.
그리고 이내
눈앞이 흐려진다.

차창에 기대어 떨어지는 빗방울을
가만히 들여다보고 있으면…….

그래, 그 방울방울마다 온통 네가 보여.

## good bye
# 내 마음속의 프라하

전광판에 프라하라는 글자가 빛나기 시작하자 플랫폼은 순식간에 여행객들로 가득 찬다. 밤공기는 여전히 차가웠지만, 플랫폼은 여행객들의 훈훈한 열기로 가득하다.
내일 아침이면 아득히 느껴지던 프라하에 도착해 있을 테지. 찬바람에 손끝이 시렸지만 마음만큼은 기대와 설렘으로 따뜻하다.

마침내 첫 야간기차에 몸을 싣는다. 체코로 가는 야간기차는 북적대고 위험하기로 유명하다. 우리는 침대칸 대신에 컴파트먼트를 예약했다.
기차 안은 여행객들로 발 디딜 틈조차 없었다. 미처 예약을 하지 못한 사람들은 복도에서 쭈그리고 밤을 보내야 한다. 이상하게도 우리 칸은 예약이 꽉 차있는데도 한 시간째 우리뿐이었다. 국경에 다다랐을 무렵, 파란 눈의 아가씨 두 명이 미안한 눈빛을 하고 싱긋 웃으면서 안으로 들어왔다.
컴파트먼트는 마주보고 있는 의자의 바닥을 서로 당기면 방처럼 만들어지는 독특한 구조다. 방으로 만들면 네 명이 붙어서 자기에는 딱 알맞은 크기였다.
외국인이 바로 옆에 있어서 그런가. 영 잠이 오질 않는다. 서로의 숨

소리까지 생생히 들리는 상황에서 잠이 올 것 같지 않았다. 그렇게 어색한 시간은 한 시간 정도 계속됐다.
문을 두드리는 소리에 선잠을 깼다. 체코는 유레일패스가 통용되지 않는 구간이기 때문에, 경찰들이 항시 돌아다니면서 여권과 기차표를 검사하고 있었다.
불행히도, 외국인 여자들 중 한 명이 여권이 없다. 여권대신 독일 신분증을 꺼내 보여주었지만, 경찰들은 별 흥미를 보이지 않았다.
그들은 다음 역에서 끌려가듯 기차에서 내려야 했다.
여섯 명이 정원인 컴파트먼트에는 우리 둘만 남았다.

창 밖으로 스쳐 지나가는, 빛바랜 듯한 집들과, 정돈되지 않은 들판은 동유럽의 신비스러운 분위기를 느끼기에 충분했다. 기차는 천천히 미끄러져, 프라하 역에 도착했다.

프라하 역은 깊은 안개 속에 잠겨 있었다. 갑자기 시간을 거슬러 올라간 기분이다.
또렷하게만 들리던 한국말은 들리지 않고, 진공관이 진동하듯 깊은 울림만이 내 귀를 간지럽힌다. 정신을 차리고 보니, 한국 사람들은 다 사라지고 J와 나만 덩그러니 남았다.
하지만 숙소를 이미 예약을 해 놓았기 때문에, 마음이 아주 편안했다.

간단히 샤워를 끝내고, 피곤한 몸을 추스를 새도 없이 숙소를 나왔다. 구시가 광장 근처에서 오케스트라 공연이 열리고 있었다. 그렇지만 내 시선을 끈 것은 조그만 기념품 가게들이었다.

가격도 저렴하고 프라하에서만 볼 수 있는 특이한 기념품들이 아주 많았다. 친구들에게 줄 기념품을 몇 개 사고, 광장에 앉아 잠시 공연을 감상했다.
다리 양옆으로 서 있는 웅장한 동상들과 저 멀리 보이는 프라하 성은 하늘을 떠받치고 있는 신 아틀라스 같았다.
카를교는 화가와 공연하는 사람들, 기념품을 파는 노점상들로 활기를 띠고 있었다. 그 중에서 작고 가냘픈 여인의 공연이 단연 돋보였는데 그녀는 앞을 보지 못하는 사람이었다. 그럼에도 불구하고 그녀의 얼굴은 세상에서 가장 행복한 미소를 띠고 있었고 아베마리아를 열창하는 모습이 그처럼 아름다워 보일 수 없었다.
공연을 끝낸 후 쏟아지는 박수갈채 속에서 환하게 웃는 모습은 분명 그 누구보다도 행복해 보였다.
행복해지려면 많은 것들을 포기하던가, 아니면 더 많이 가지라고 했던가. 둘 다 쉽지 않은 일이다. 그녀는 지금까지 살아오면서 많은 것들을 포기해야 했을 것이다.

조금씩 어둠이 내려오고 있었지만 프라하 성의 야경을 보기 위해서는 아직도 많이 기다려야 한다.
J와 나는 카를교에서 어둠이 완전히 내릴 때까지 기다리기로 했다. 맥주를 마시면서 가로등이 하나둘씩 켜지는 모습을 바라봤다.
카를교에는 소원을 들어주는 동상이 있는데, 동상의 밑 부분을 손으로 문지르면서 간절히 빌면 그 소원이 이루어진다는 전설이 있다고 한다. 동상 주위에는 소원을 빌고 있는 사람들도 가득했다.
나는 멀리서 동상을 바라보며 낮게 중얼거리고 있었다.

"정말 소원을 들어주나요."

멍해진다.
어느덧 노을이 완전히 내려 하늘은 온통 붉다.
프라하에서 노을을 보고 있다는 것이 꿈만 같다.
노을 속에 물들어 있는 카를교와 프라하 성은 실제 존재하는 풍경이라기보다는 상상 속에서나 가능할 것 같은 환상이라고 해야 더 어울릴 듯하다. 다가가면 사라져 버릴 것 같고, 나와는 상관없을 것 같은 환상. 문득 그녀가 옆에 있는 것 같아 고개를 돌려보지만, 슬픈 노을만 있다.

깊은 어둠이 내리기 시작했다. 한참을 말없이 걸었다. 목적지도 없이 강을 따라서 걸었다. 취기 때문인 것 같기도 하고, 흔들리는 가로등 불빛 때문인 것 같기도 하다.
내 마음도 같이 흔들리고 만다.
어두워지는 몰다우강은 소리 없이 내 울음을 삼켜 버린다.
가끔씩 들려오는 발자국 소리도, 음악 소리도 모두 삼켜 버린다.
통제할 수 없는 슬픔이 찾아오기 전에 어서 이곳을 빠져나가야 한다.

## goodbye 멈춰진 시간

바람은 내게로 불어 와
그 어느 날의 기억을 던져 주고,

기억은 내게로 스며들어
그 사람의 향기를 흩어주고,

그렇게 잠시
멈춰진 시간.

In Arles.

# goodbye 슬픈 회전목마

동유럽의 겨울은 카메라도 얼려버릴 만큼 매섭다.
프라하에 도착한 날도 그랬다.
구시가 광장에 도착했을 때, 신기한 회전목마를 만났다.
멀리서 볼 때는 그저 평범한 회전목마였는데, 가까이서 보니 목마가
아니고 살아 있는 말이었다. 살아 있는 말이 마치 회전목마처럼 계속
해서 원을 그리며 돌고 있었다.

마냥 신기하게 그 광경을 보고 있다가 말의 슬픈 눈과 마주치고 말았다. 늘 한 자리에서만 맴돌고 있는 슬픈 운명의 말. 매서운 바람만큼 차가운 칼날이 가슴을 에는 듯 뭉클함과 아픔이 동시에 밀려온다. 말은 눈으로 말하고 있었다.

"나는 달리고 싶어."

# good bye
# 베네치아

베네치아에서 가장 기억에 남는 것이 뭔가요?

베네치아에서 잊을 수 있는 것이 있나요.
잊을 수 있을지는 모르지만, 잊혀질 수는 없을 거예요.

창틈으로 스며드는 바닷냄새에
기적처럼 저절로 눈이 떠진다.
기차는 바다 위를 유유히 달리고 있다.
느낌으로 베네치아가 멀지 않았음을 알 수 있었다.
잠시 후,
기차는 삐걱 소리를 내며 소금기를 털어 내고는 이내 멈춰 섰다.
역 밖의 세상이 너무나 궁금해서,
자연스레 발걸음이 빨라진다.
베네치아의 신비로운 바람 향기를 맡는 순간
할 말을 잃고 말았다.
넓지는 않지만, 깊이를 가늠할 수 없는 짙은 에메랄드빛의 바다.
강렬하지만 수줍은 듯 내리쬐는 태양.
비린 듯하지만 가슴 뛰게 만드는 바닷냄새.
낡고, 조그마한 수채화처럼 소박한 집들.
베네치아의 첫 느낌은
마음의 준비도 없이 맞닥뜨린 첫사랑 같았다.

## goodbye 시선이 머무는 풍경

발길 가는 데로 홀로 걸어가다가 발견한 동화 속 집.
구석진 골목 한 귀퉁이에 내려 앉아 있던 작은 집.
살짝 열린 문틈으로 보이는 살림살이들이며 빨래들이
저절로 미소를 짓게 만드는 정겨운 집.
저 어두운 곳에서도
열심히 살아가는 아름다운 모습들.
그리고 그 어떤 멋있는 건축물보다도
내게는 더욱 아름다웠던 골목길.

## 마음속의 방

여행을 시작하고 처음으로 엽서를 써야겠다는 생각이 들었다.
엽서에 실어 보낼 수만 있다면, 정말 그럴 수만 있다면
베네치아의 공기라도 엽서에 담아
사랑하는 사람들에게 보내주고 싶었다.
오랫동안 보지 못한 친구들에게 엽서를 한 장씩 썼다.
또 나 자신에게도 한 장 썼다.
서울로 돌아가서 이 엽서를 보면,
찬란했던 베네치아의 노을이 떠오르겠지.
그리고 기어이 보내지 못할 엽서도 한 장 쓰고 말았다.

누군가 그랬다.
여자는 마음속에 커다란 방 하나를 가지고 있고,
남자는 아파트처럼 여러 개의 방을 갖고 있다고 했다.
내가 아는 그녀는 마음속에
아주 커다랗고 튼튼한 방 하나를 가지고 있는 사람이었다.
그리고 그 방은 나를 위한 것이 아니었다.

사랑을 믿는 남자와
사랑을 믿지 않는 여자가 있었다.
남자는 상처를 받을수록 사랑을 지키려고 노력했고,
여자는 작은 상처에도 자신을 지키려고 노력했다.
고요한 물가에 작은 돌멩이가 일으키는 파문에도
그들은 혼란스러워 했다.

피렌체의 골목길을 걷다 보면 외로움과 그리움에
당혹스럽기까지 하다.
빨간 지붕의 집들이 바람을 타고 하나둘씩 내게로 달려온다.
길어진 그림자들도 내게로 달려온다.
그리고 내게로 달려와선 그리움이 되어 내 가슴에 스며들어 온다.
피렌체는 햇살에서조차 알 수 없는 외로움이 묻어난다.
짙은 노란색의 강한 햇빛은 섬광처럼
도나우 강 위로 반사광을 만들어 눈을 부시게 했다.
잠시 눈앞이 흐려졌던 건 햇빛에 눈이 부셔서만은 아니었다.
멀리서도 빛바랜 붉은색 지붕의 두오모는 늠름하게 빛나고 있다.
골목을 헤매다가 도착한 두오모는
수많은 인파들로 둘러싸여 있었다.
피렌체의 박물관, 미술관 직원들이 임금 인상을 요구하며
파업 집회를 열고 있었던 것이다.
결국, 박물관과 미술관은 둘러보지 못하고
로마로 떠나야 했지만, 실망은 잠시뿐이었다.
피렌체는 눈에 보이는 모든 것들이 예술작품이었다.
거리를 걷다가 우연히 스치는
분수에서도, 건물에서도, 사람들에게서도
알 수 없는 기품이 배어 나온다.

직원들의 파업으로 관람할 수 없는 우피치 미술관이었지만,
여전히 많은 여행객들로 넘쳐났다.
우피치를 바라보며 흐르는 아르노 강변에서 두 소녀를 만났다.
등을 기대고 스케치북에 각자의 꿈을 그리고 있었다.
마음을 나눌 수 있는 친구의 등은
때론 세상에서 가장 편안한 의자가 되어 주기도 한다.
아르노 강변을 걷다 보면 이름 모를 다리들이 계속 스쳐 지나간다.
피렌체에 다리가 없었다면, 왠지 어색했을 거라는 생각이 든다.
이름을 알지 못해도, 거기에 세워진 이유를 알지 못해도,
그냥 그 자리에 있는 것만으로 아름다운 피렌체의 다리들.
피렌체는 건물, 강, 사람들이 함께 어우러져 있지 않다면
이처럼 아름답지는 않겠지.

미켈란젤로 광장의 언덕에 섰다.
아무 생각 없이 다리를 바라보며 하늘 아래 섰다.
왠지 가슴이 아려 온다.
서서히 노을이 내려오는 피렌체의 하늘은
시간이 멈춘 것 같은 착각을 일으키게 한다.
현재의 시간과 과거의 기억 사이에서 혼란스러워 하는 듯.
시간이 멈춰진 도시, 피렌체. 한 장의 기억으로 남은 피렌체 사진.

## good bye 익숙한 그 길

참 신기하지.
처음 와 보는 곳에서
아주 익숙한 기분을 느끼다니.
마치 네가 저 모퉁이를 돌아 내게로 걸어올 것만 같아.
그 자리에 멈춰 버렸다.
그리고 그렇게 한참을 서 있었다.
그림자가 길어져
들썩이는 내 어깨를 감싸 안아 줄 때까지.

### good bye
# 기억 속으로

이제는 그만 지워야 할 기억이 있어.
그 기억들이 추억이라는 이름으로
발목을 잡고 있는 거라면,
이제는 놓아야겠지.
추억이란
기억 속 깊이 묻어 두었다가
가끔씩 꺼내어 볼 때
아름다운 거니까.

## good bye 옆자리

옆자리를 너무 오래 비워 두지는 말자.
지난 시간을 기억하며 마음속으로 흘리는 눈물들이
뺨을 타고 가슴으로 흐르다 보면
마음의 문에 녹이 슬어 삐걱거리게 된다.
한 번 닫힌 마음의 문은
많은 사람들에게 깊은 상처를 안겨 주고서야
서서히 열리게 된다.
아무리 힘들고 초라할지라도
혼자보다는 함께여야 한다.

## good bye 너에게 난

세상 속에서
앞만 보며 뛰어가다가
뒤를 돌아봤을 때
누군가가 지켜봐 주고 있다는 건,
기분 좋은 일이지.
하지만
곧 그 사람은
점점 작아지고,
끝내는 점이 되어 사라질지 몰라.

네가 정말 필요로 하는 사람은
뒤에서 묵묵히 지켜봐 주는 사람이 아니라,
옆에서
같이 뛰어 줄 수 있는 사람일 거야.

내가 그런 사람이 되어 줄게.

## good bye 어떤 사랑 이야기

아주 예쁜 모래를 발견했어요.
햇빛에 비춰보면 반짝반짝 빛나고
귀를 기울이면 파도소리가 들려오는 예쁜 모래.
곁에 두고 오래오래 보고 싶어서 유리병에 담아왔어요.
그냥 바라만 봐도 참 행복했답니다.
가끔씩 꺼내서 만져보기도 하고 냄새를 맡아보기도 하고
어느 날, 유리병 속이 답답할 것 같아서 꺼내주기로 했어요.
하지만 다시 놓아주기는 싫어서 손에 쥐고 있기로 했답니다.
다칠까봐 살며시 쥐었더니, 바람에 날아가 버리네요.
날아가 버릴까봐 꼭 쥐었더니,
손가락 사이로 흘러내려 버리네요.
모래는 너무 작고 약해서 어떻게 쥐더라도,
손에서 달아나 버렸답니다.
그저 모래가 사라지는 모습을 그냥 지켜볼 수밖에 없었어요.
그리고 손에 작고 예쁜 모래가 있었다는
순간의 기억만이 남았답니다.
슬프고도 잔인한 어떤 사랑 이야기.

## goodbye 남과 여

남자와 여자.
서로의 차이를 인정하고 기억한다면
정말 아무런 문제가 없을까?
처음에 좋았던 느낌,
그 순간의 열정.
설렘에 가려져
서로의 차이점을 발견하는 데는
생각보다 많은 시간이 걸린다.
이런 무미건조한 이성적인 판단보다는
무슨 일이 있더라도
나는 확실한 너의 편이라는 믿음이 중요하다.
사랑의 시작도 믿음에서 비롯되고,
사랑의 마지막도 믿음에서 비롯된다.
전자는 신뢰라고 부르고
후자는 불신이라고 부른다.
그래.
조금 더 신중하자.

## good bye 함께 한다는 것

언제나
네 편이 되어 주는 것.
가끔 미안해하는 것.
미안하다는 말 대신 고맙다고 말하는 것.
네가 다른 곳을 보더라도
한동안은 뒷모습을 바라봐주는 것.
네가 돌아서 버리더라도.

뒤돌아서 눈물 한 방울 흘려주는 것.
수많은 물음표를 던져주는 것.
처음에는 물음표였지만
결국 느낌표로 다가가는 것.

## good bye 고슴도치

애정 결핍자와 애정호르몬 과분비자와의 만남은
서로에게 가시를 돋게 만든다.
나에게만 좋은 사람이길 원하는 사람과
많은 사람들에게
좋은 사람이고 싶은 사람.
불행히도 이런 두 사람의 만남은 자주 일어난다.
시간이 흐르면 몸에서 뾰족한 가시가 조금씩 솟아나기 시작한다.
의도한 것이 아닌데도
자신도 모르게 서로에게 상처를 주는 고슴도치가 되어 버린다.
사랑을 한다는 것은
내가 받을지도 모르는
그 어떤 상처라도 감수하겠다는 의미이다.
고슴도치들도 평생을 서로 사랑하면서 살아간다.

Chapter 3

# 꿈을 담는 카메라

## good bye
# 카메라에 날개를 달자

처음 사진에 흥미를 가졌을 때는 단순히 매뉴얼을 읽고, 카메라를 만지는 데 많은 시간을 보냈다. 시간이 지나 사진이란 걸 조금 더 알게 되었을 때는 무작정 보이는 사물을 뷰파인더에 담는 데 많은 시간을 투자했다. 우연히 얻은 사진이 사람들로부터 멋진 사진이라는 과찬을 들었을 때는 카메라를 버려두고 사진을 보정하는 데에만 온 정신을 쏟은 적도 있었다.

착각에서 벗어나 스스로의 한계에 부딪쳤을 때는 다른 작가들의 사진을 보고 느끼는 데 많은 시간을 보냈다. 그리고 내 사진이 하찮아 보이기 시작했을 때는 예전의 필름과 CD를 열어 다시금 지난 사진들을 본다.
이제 셔터 소리만 들어도 가슴 뛰던 처음의 그때로 돌아가고 싶다.
남들에게 보여주기 위한 사진을 찍기보다는 셔터를 누르던 그 자체가 즐겁고 행복했던 처음으로 돌아가고 싶다.
셔터 소리가 너무 그리워서 가슴이 터질 듯한 설렘이 다시 찾아왔으면 하는 바람이다.

처음의 나는 사진 자체가 좋다기보다는 카메라가 좋아서 사진을 찍기 시작했다.
그때는 마냥 카메라가 좋았고, 어딜 가나 내 어깨에 매달려 달랑거리는 카메라가 든든한 친구 같았다.
네모난 상자 속에서 들여다본 세상은 아름답고 신비로웠다. 거기엔 내가 알고 있는 세상과는 다른 또 다른 세상이 있었다. 결과물에서 자유로웠기 때문에 느낄 수 있는 순수한 즐거움이었는지도 모른다.

무작정 떠났던 배낭여행에서 돌아온 어느 날이었다.
내 꿈이 담겨 있고, 내 진실한 숨결이 느껴지는 사진을 찍어보고 싶다는 강한 충동을 느꼈다. 내가 사진을 잘 찍는다는 자만에 빠져 있던 시기가 아마 이때 즈음이었던 것 같다.

내 사진을 보는 여러 사람들로부터 과분한 칭찬을 들으며, 나 자신도 우쭐했었고, 사진이 아닌 사람들의 관심을 더 좋아했으며, 그렇기 때문에 마음의 눈으로 바라보는 세상을 앵글에 담을 순 없었는지도 모른다.

비가 많이 내리던 늦은 가을날. 내 마음속에는 내리는 비보다 더 세찬 폭풍우가 몰아치고 있었다. 내 사진에 대해, 그리고 속물이 되어가는 나의 모습에 신물이 넘어 올 지경이었다.
학기 중이었음에도 불구하고 망설임 없이 런던행 비행기에 몸을 실었다. 우연히도 그날은 내가 세상에 태어난 날이었고, 내 카메라에도 날개가 돋아나기 시작한 날이었다.

세상의 모든 결정적인 일에는 계기가 있어야 하듯이 사진에도 자기만의 날개를 달아줄 어떤 계기가 마련되어야 한다고 생각했다. 날개를 발견하는 것이 나만의 사진을 담기 위한 첫걸음이라고 믿었던 것이다. 그렇게 내 카메라에 날개를 달아준 것이 바로 '여행'이었다.

# good bye 노스탤지어

캠핑카에 매달린 자전거라도 좋을 것 같아.
다시 떠날 수만 있다면.
마음이 '쿡' 하고 아프신 분들,
배낭을 메고 떠나 보세요.
여행을 꿈꾸기 시작한 순간
그 여행은 이미 시작된 것입니다.

사진을 참 많이도 찍었다. 아침에 카메라를 메고 나가서 저녁에 돌아올 때 즈음이면, 꽉 차버린 메모리에 마음이 뿌듯하기도 했다. 그리고 쌓여가는 사진만큼 내 사진 실력도 늘고 있는 거라고 자부하고 있었다. 그러나 그건 착각이었고, 자만이었으며 허세였다.

어느 순간, 나는 기계처럼 셔터를 눌렀고, 셔터를 누르는 그 순간의 소중한 추억은 남아 있지 않았다. 머릿속도, 가슴속도 깜깜했으며 느낌을 담고자 하는 노력은 없었다.

점점 나는 그런 내 사진에 대한 애정이 식어가고 있었다. 자만은 타성을 부르게 마련이다.

언제부터인가, 다른 사람들의 사진을 보는 데는 엄격했지만, 내 사진을 보는 데는 한없이 관대해져 있었던 것이다.

## good bye
## 내 눈은 50mm F 1.0

처음 내가 소유한 렌즈는 50mm와 200mm의 단렌즈뿐이었다.
두 개뿐인 렌즈는 철저하게 역할 분담을 하고 있었다.
풍경은 50mm, 멀리서 사람들의 표정을 담을 때는 200mm를 사용했다.
언제부터인가 내 사진은 비슷하고 무료했으며, 살아 숨쉬지 못했다.
로마에서 있었던 일이다. 도착했을 때는 해가 지기 시작할 무렵이었다.
숙소로 발걸음을 재촉하려는데, 횡단보도 건너편에서 나의 시선을 사로잡는 것이 있었다. 서둘러 카메라를 꺼냈지만, 마운트된 렌즈는 풍경을 찍을 때만 사용하는 50mm 렌즈였다. 뒤로는 20kg이 넘는 배낭을, 앞으로는 15kg의 카메라 가방을 메고 있었던 상황에서 재빠르게 200mm 렌즈로 마운트할 여유가 없었다.
대상은 걸인으로 보이는 노인과 그 옆에 동냥 바구니를 물고 앉아 있는 세퍼트였는데 그것을 보는 순간 내 동공을 F1.0으로 만들고 배경들은 철저하게 아웃포커싱되었다.
그렇게 무언가에 이끌려 횡단보도를 건넜다. 세퍼트가 물고 있는 바구니에 동전 한 닢을 넣고서는 사진 찍는 걸 허락해 달라고 부탁했다. 유럽에 와서 처음으로 200mm 렌즈가 아닌 50mm 렌즈로 살아있는 표정을 담았다. 가슴이 쿵쾅거리고 코끝이 찡해 옴을 느꼈다.
그동안 조금 더 자연스러운 표정을 담고자 200mm 렌즈를 사용했다.

그것이 자연스러운 사진을 많이 얻을 수 있을지는 모르지만, 그들과 하나가 되기에는 부족함이 있었다. 그들을 바라보는 나는, 마음속에도 카메라에도 200mm 망원렌즈를 마운트하고 있었다. 그래서 그들의 이야기는 들을 수 없었고, 멀리서 그들의 표정만 보고 안타깝다고 생각했으나 그마저도 금세 잊어버린 것이다.

이제 조금 더 대상에 가슴으로 다가가기 위해서 200mm렌즈를 버리고, 50mm렌즈를 마운트하기로 했다. 셔터를 누르는 나도, 그리고 사진을 보는 이에게도 진솔함이 전해져 오는 그런 사진을 담을 수 있을 거라는 희망의 빛이 느껴졌다.

## good bye 삶의 무게

손에 들린 큰 가방보다
이 녀석의 작은 바구니가 수백 배는 더 무거워 보여.
저 사람에게는 가방의 무게일지 모르지만
이 녀석에게는 삶의 무게거든.

이 녀석에게도
삶의 무게는 존재한다.

## good bye 이야기가 있는 사진

사람들은 여러 가지 이유로 여행을 준비하고 꿈꾼다.
목적이 휴양이든, 자신을 돌아보기 위해서이든, 여행의 추억은 항상 그림자가 되어 따라다닌다.
여행은 우리에게 추억을 남겨 주고, 사진은 먼 훗날, 잊을 수도 있는 추억을 선물한다.
여행을 떠날 때는, 잊어버려도 아깝지 않은 카메라를 가져가야 한다고 흔히들 생각하지만 사실 그렇지 않다.
마음가짐은 그 과정과 결과에 그대로 드러나게 되어 있다.
잊어버려도 괜찮고, 망가져도 괜찮은 카메라는 잊혀지기 쉬운 사진을 보여줄 것이다.
하지만 애정을 가지고 소중하게 다루는 카메라는 추억이 살아 있는 사진을 보여줄 것이다.
여행을 계획하고, 카메라를 선택할 때 가장 크게 고려해야 할 점은 카메라의 가격도, 종류도 아니다. 여행을 하는 동안 또 다른 눈이 되어 열정과 애정으로 세상을 바라볼 수 있는 카메라가 바로 최고인 것이다.

언제였던가. 오로지 사진 촬영을 목적으로 유럽에 갔던 적이 있었다.

그때 어깨에 짊어진 카메라 장비는 15kg에 육박했고, 1주일이 지나자 어깨에는 피멍이 들기 시작했다. 무언가에 얽매이지 않고, 자유롭게 사진을 찍고 싶었지만, 시간이 흐르면서 내게 돌아온 건 쉴 새 없이 셔터를 눌러야 한다는 압박이었다. 나는 하루하루 지쳐만 갔다.

이탈리아 바리에서 페리를 타고 16시간을 걸려 그리스로 넘어갈 때였다. 페리에서 내려, 또 버스를 타고 세 시간을 달려 아테네에 도착했다.
숨 가쁜 여정 속에서도, 내 카메라는 찰칵 찰칵 경쾌한 소리를 내며 즐거워하고 있었다.
1월인데도 아테네의 하늘에는 뜨거운 태양이 빛나고 있었다. 이렇게 눈부신 태양은 흔히 만날 수 있는 기회가 아니다. 좋은 빛을 놓칠 수 없지 않은가.
피곤한 몸을 이끌고 서둘러 카메라를 챙겨 거리로 나섰다. 여기 저기 둘러보며 열심히 뷰파인더 속에 1월의 그리스를 담고 있었다. 그때 정작 나를 사로잡은 건 이국적인 풍경도 거대한 유적들도 아니었다. 우연히 들어간 가죽제품 가게에서 만난 할아버지의 미소가 내 카메라를 붙들고 놔주지 않았다. 80일이라는 긴 여정 동안 무수히 많은 사진을 찍었지만 가장 오랫동안 기억에 남는 선물이었다. 물론 그 미소는 내 가슴속에, 그리고 또 내 사진 속에 고스란히 남아서 때때로 지친 나를 행복하게 만들곤 한다.

## 행복한 상상
o d bye

할아버지는 아침 일찍부터 서두르십니다.
10년째 입는 카디건을 걸치고 집을 나서시네요.
언제부터인가,
안경 없이는 바느질하기가 쉽지 않으신가 봐요.
안경을 챙기는 것도 잊지 않으십니다.
손자녀석들의 입맞춤에 함박웃음을 지으십니다.
날씨가 꽤 쌀쌀한지, 할머니께서 목에 두르고 있던
스카프를 할아버지 목에 둘러주시네요.
괜찮다며, 극구 사양하시던 할아버지는 못 이긴 척
스카프를 목에 두르십니다.
뒤돌아 길을 가시려면 할아버지는,
헛기침을 한번 하시고는 할머니 입술에 입맞춤을 합니다.
"추운데 어여 들어가……."
퉁명스러운 듯하지만,
따뜻한 한마디를 남기시고는 뒤돌아 길을 가십니다.

할아버지 얼굴에는 행복한 미소가 가득합니다.
할머니의 볼은 열여섯 소녀처럼 발갛게 달아올랐네요.

할아버지가 40년째 운영하시는 가죽제품 가게에 도착했습니다.
요즘은 손님이 많이 줄었습니다.
공장에서 세련된 디자인에, 멋스러운 가죽제품들을
대량으로 만들어 내기 때문이지요.
하지만 할아버지는 단 한 개라도
정성을 담아 손으로 만들어야 한다고 말씀하십니다.
할아버지의 아버지도, 할아버지도
평생을 그렇게 믿고 사셨습니다.
할아버지 뒤로 낡은 사진 한 장이 보입니다.
젊은 시절의 할아버지 사진이네요.
모습은 달라졌지만 하얀 셔츠와 카디건,
그리고 일에 대한 열정만큼은 변함없습니다.
지구 반대편에서 온, 낯선 여행자에게
환한 미소를 보여주십니다.
다음에 또 보자며, 기약 없는 만남을 약속하며
흔드는 손에서는 짙은 사람의 향기가 묻어납니다.

사랑하는 사람들과 좋아하는 일이 있다면,
얼마든지 행복질 수 있다는 희망의 빛이 느껴집니다.

# good bye
## 뷰파인더 속의 프라하

이제는 조금 더 신중하게 셔터를 눌러야 한다고 수도 없이 다짐하고 또 다짐하지만, 어느새 스치는 풍경에도 습관처럼 셔터를 누르고 있는 내 자신을 발견하고는 한숨이 절로 나온다.

하루 종일 사진을 찍고, 숙소로 돌아와 사진을 살펴볼 때에는 언제부터인지 모르게 비슷비슷해진 무미건조한 사진들로 가슴 답답함을 느끼게 된다. 오늘은 운이 없어 절정의 순간을 포착하지 못했을 뿐이라고 스스로 위안해 보지만, 결국 내 사진에 대한 고민과 자책으로 잠을 쉽게 이룰 수 없다.

최고의 순간, 절묘한 순간을 담을 수 있는 기회는 평생 동안 몇 번이나 올까?

노력 없는 행운을 바라는 것은 헛된 욕심임이 분명하다.
뷰파인더로 바라본 세상은 신비롭고 아름답다. 그러나 세상은 아름다움의 자태를 쉽게 보여주지 않는다. 아니, 아니다. 그 세상을 보지 못할 뿐이지 숨기지는 않는다. 남들이 발견하지 못한 세상의 아름다움을 찾아 나만의 사진 속에 담는 것은 바로 내 몫의 과제이고 나만의 사진을 완성하기 위한 성장 과정인 것이다.

프라하의 카를교 주위에는 밤이 되기를 기다리는 여행객들로 북적거렸다. 그들은 삼각대 위에 카메라를 세우고, 프라하에 어둠이 내려앉기를 기다리고 있었다. 북적이는 여행객들의 무리 속에 나도 있었다. 프라하의 하늘은 회색 물감을 풀어놓은 듯 탁했고, 해가 지는 모습마저 고요했다. 잠시 벤치에 앉아 고요한 프라하를 바라보았다. 그때 난간 틈으로 숨겨진 프라하를 발견했다.
카를교 난간 틈으로 쏟아지는 빛은 프라하의 곳곳에 스며들어 더욱 아름답게 빛났고, 나는 숨겨진 비밀의 세계를 훔쳐보는 듯 뛰는 가슴을 진정시키느라 멍하니 서 있을 뿐이었다.
그리고 조심스럽게 카메라를 들어 놀라울 정도로 아름다운 프라하를 뷰파인더 속에 담았다. 수줍게 눈 앞에 나선 프라하의 아름다움을 본 나는 떨리는 손을 진정시키느라 눈을 꼭 감은 채 셔터를 눌러야만 했다.

## 추억의 빛, 카메라

사진을 잘 찍고 싶은가?
누구나 감탄하고 부러워하는 사진을 찍고 싶은가?
나는 사람들과 대화할 수 있는, 이야기가 있는 그런 사진을 찍고 싶다.
서로가 소중한 기억을 공유할 수 있는 애틋한 사진을 찍고 싶다.
뒤돌아보는 일은 앞을 내다보는 일보다 수월하다. 사진은 뒤돌아보고 추억하게 하는 신비한 힘을 가졌으며, 추억은 현재와 맞바꾼 최고의 선물이다.
내가 숨 쉬고 있는 한, 내 카메라는 추억의 빛으로, 끊임없이 소중한 기억의 그림들을 그려낼 것이다.

Chapter 4

# 나에게로 떠나는 여행

오늘과 내일이 다름없던 날들 중에서
어느 날 떠나게 된 여행이었습니다.
저 하늘에 흘러가는 구름처럼
그렇게 걷다가 시작된 여행이었습니다.

## 고대의 이탈리아 속으로

테르미니 역에 다다르자, 건조한 바람이 입속까지 밀고 들어와 입 안이 온통 까슬까슬한 느낌이다
강렬한 햇빛과 연기처럼 피어오르는 먼지는 바라보는 것만으로도 숨이 막힐 지경이다.
기차에서 내리자 민박집 할아버지가 기다리고 있었다.
하얗게 센 머리에 작은 체구의 할아버지는 고생했다는 말 한마디를 건네고는 어린 아이 키만 한 내 배낭을 짊어지고 성큼성큼 앞서 걸어간다. 테르미니 역은 굉장히 시끌벅적했다. 이탈리아어의 강한 억양 때문인가. 이야기하는 사람들은 마치 싸우는 것과 같은 착각을 일으키기에 충분했다. 그 와중에도 커다란 젤라또와 짙게 풍겨오는 피자 냄새가 허기진 두 여행객의 발목을 잡고 놔주질 않았다.
한눈을 팔다, 멀어지는 할아버지의 뒷모습에 서둘러 발걸음을 옮겼다.

10분 정도 걸었을까.
할아버지는 커다란 대문 앞에 멈춰 섰다. 한국 사람이 운영하는 민박이었다. 문틈으로 사투리가 섞인 정겨운 말소리가 밥 냄새와 함께 전해져 온다.
여행을 시작한지 20일이 지났지만, 한국 음식이 그립다거나 한국이 그리웠던 적은 그다지 많지 않았다.
그러나 이상하게 오늘만큼은 한국말에도, 밥 냄새에도 밀려오는 그리움에 가슴 한구석이 찡해진다. 갑자기 한국의 모든 것이 그리워진 것이다.

먹을 게 있으면 먹었고, 발걸음이 이끄는 곳이면 걸었고, 이 한 몸을 누일 수 있는 작은 공간이 있으면 잠을 잤다. 햇살이 내리쬐면 햇살을 받아들였고 슬픔이 밀려오면 온몸으로 슬픔을 맞이했다. 그렇게 나 자신을 내버려두면 언젠가 내 진정한 모습과 만날 수 있고, 그렇게 되면 잃어버린 나를 되찾을 수 있을 거라 생각했다.
되찾아야 하는 건 떠난 그녀가 아니라, 나 자신이라는 걸 조금씩 깨닫고 있었다.

민박집 아주머니는 우리를 보자마자 밥부터 먹으라고 성화를 한다. 삼겹살, 닭볶음탕, 상추, 미역국까지, 식탁 위에는 고국에 대한 향수와 더불어 정성스런 갖가지 음식들이 준비되어 있었다. 로마의 어느 황제의 식탁이 이보다 더 값지다고 할 수 있으랴.
음식들을 보는 순간 우리는 순식간에 그 많은 음식들을 먹어 치웠다. 식사를 마친 후 알게 된 사실이지만, 아주머니는 지쳐 보이는 그리운

고국에서 온 여행객에게 선심을 베푼 것이었다.

현대의 이탈리아를 보려면 밀라노로 가고, 중세의 이탈리아를 보려면 피렌체에 가고, 고대의 이탈리아를 보려면 로마로 가라고 했던가. 로마는 깊은 역사의 발자취를 간직한 채 묵묵히 여행객들을 맞이하고 있었다.

로마 여행은 콜로세움에서부터 시작한다. 로마의 위대한 심장 콜로세움은 과거의 영광을 아직 잊지 못한 듯 위엄 있게 서 있다.

고개를 들어 콜로세움을 올려다보고 있자니 먼지를 일으키며 달리는 마차의 바퀴소리와 살벌한 칼날이 부딪치는 천둥소리가 들리는 듯하다.

반세기가 지난 지금, 그날의 위엄을 카메라에 담으려는 관광객들과 조

용한 평화의 기운만이 콜로세움을 감싸고 있다.
로마는 따로 유적지를 찾아다니지 않아도 가는 곳마다 유적지이고 많은 문화유산이 산재해 있다.
콜로세움을 둘러보고 그냥 사람들을 따라 걷다 보니 어느새 세베루스의 개선문 앞에 도착했다. 고대 로마의 정치, 경제, 생활의 중심지였던 포로로마노 앞에 선 것이다.
로마뿐만 아니라 유럽의 상징이었을 이 건물들은 부서져 폐허가 된 모습으로 수천 년을 버티고 있다. 흩어져 있는 주춧돌들은 더 이상 하늘로 솟아오르지 못하고 지나가 버린 시간 속에 묻혀 버렸다.
비록 지금은 장식된 기둥과 초석만 남아 화려했던 지난날을 회상하며 앙상히 버티고 있지만 깊은 역사가 고스란히 잠들어 있는 이곳을 바라보면서 강건한 제국으로 그 명성을 떨쳤을 고대 로마를 상상해 본다.
건조하고 뜨거운 로마의 태양은 발걸음을 자꾸만 무겁게 한다. 특히 포로로마노는 햇빛을 가려줄 건물이 없기 때문에 의욕을 꺾어 놓는 단계까지 이르게 만들었다.
근처에 황제의 욕탕이었다는 카라카라 욕탕이 있다고 해서 찾아봤지만 도저히 찾을 수가 없었다. 날씨는 얼마나 더운지 거의 탈진할 지경이다. 결국 카라카라 욕탕은 둘러보지 못한 채 발길을 돌려야 했다.
캄피돌리오 언덕에 오르니 그제야 작열하는 태양을 피할 수 있는 고마운 그늘을 만날 수 있었다. 언덕에서 바라본 포로로마노는 허물어지고 부서진 유적들 사이로 역사의 상처를 그대로 보여주고 있었다.
뜨거운 포로로마노를 뒤로 하고 로마 시내로 발길을 옮겼다.
골목 구석에 있는 허름한 가게에 들러 점심으로 조각 피자를 사먹었다.

그 명성만큼이나 이탈리아 피자의 맛은 정말 환상이었다.
피자를 만든 재료들을 살펴보면 고작해야 빵, 피자치즈, 소스가 전부인 것 같은데 그렇게 소박한 재료에 비하면 맛은 그야말로 명품이라 할 수 있다.
베네치아 광장에서 포폴로 광장까지 이어지는 큰길에 스페인 광장이 있다. 영화 〈로마의 휴일〉에서 오드리 헵번이 커다란 젤라또 아이스크림을 들고 천진하게 계단을 뛰어다니는 장면으로 유명해진 곳이었다. 그 계단에서 눈을 감고 있으면 어디선가 '오버 더 레인보우'의 아름다운 선율이 들려오는 듯하다.
스페인 광장은 로마에서도 가장 많은 관광객들이 찾는 곳이다.
오드리 헵번의 미소를 잊지 못해서일까.
로마의 가장 큰 쇼핑거리인 콘도티 거리가 있기 때문일까.
한껏 멋을 부린 관광객들은 길게 늘어선 명품가게의 쇼윈도 앞에서 시선을 떼지 못한다.
로마에는 크고 작은 광장이 굉장히 많다. 건물 사이에 있는 조그만 공터들조차도 저마다 이름을 가지고 있는 광장이다. 광장마다 아름다운 분수들이 있고, 그런 분수는 지친 여행객들이 쉬어가는 작은 휴식처가 되기에 조금도 모자람이 없다.

스페인 광장에서 멀지 않은 곳에 그 유명한 트레비 분수가 있다.
트레비 샘 앞에는 설 자리가 없을 정도로 엄청난 관광객들로 북적였다. 그들은 모두 하나같이 뒤돌아 앉아서 동전을 던지고 있었다. 아마 오래 전부터 내려오는 트레비 분수의 전설 때문이리라.
동전을 하나 던지면 로마에 다시 올 수 있고, 두 개 던지면 사랑하는 사람을 만날 수 있고, 세 개 던지면 사랑하는 사람과 헤어진다고 한다.
나는 그동안 모았던 동전들을 하나씩 모두 쏟아 버렸다.
그리고 낮은 소리로 중얼거리고 있었다.

"나 오늘 이곳에 너를 버리려고 해.
이제 더 이상 너로 인해 아파하는 일은 없을 거야."

# goodbye 바티칸

바티칸을 둘러보기로 한 날 아침, 민박집 아저씨는 서두르지 않으면 바티칸 시내로 들어가기 위해 한 시간 넘게 줄을 서야 한다며 일찍부터 우리를 깨웠다. 하지만 우리는 아저씨의 이야기에 아랑곳하지 않고 깊고 달콤한 잠에서 헤어 나오질 못하고 있었다.

"지금 안 일어나면 돼지갈비를 못 먹을 텐데. 알아서들 해!"
결국 주방에서 들려온 아주머니의 협박 아닌 협박을 받고서야 겨우 일어날 수 있었다.
이미 다른 사람들은 식사를 끝내고 나갈 채비를 하고 있었다.

바티칸 행 버스는 소매치기가 많다는 정보를 듣고 안전한 지하철로 이동하기로 했다.
시간의 여유가 있다면 이국의 낯선 골목을 헤매면서 이방인의 생활을 직접 보고 느끼는 좋은 경험이 될 수 있었을 텐데, 아쉽게도 우리에겐 그런 시간이 허락되지 않았다. 그나마 운이 좋게도 지하철역으로 향하는 도중에 재래시장을 발견할 수 있었다. 우리네의 시장에서는 볼 수 없는 생소하고 진기한 풍경들이 풍성한 볼거리를 제공해 주었다.

그 많은 볼거리들 중에 우리의 시선을 끄는 건 과일이었다. 오랜 시간의 여행으로 신선한 과일들을 거의 먹지 못했던 것이다. 낯선 이방인들의 소박한 생활이 고스란히 담겨 있는 시장에서 우리는 한 봉지의 복숭아를 사서 기분 좋게 바티칸으로 향했다.
이탈리아 지하철은 그리 유쾌한 곳이 아니었다.

환경은 지저분하고 많은 관광객들로 인해 사람들은 넘쳐났고 무질서했다. 물론 쾌적한 냉방 시설 따위는 기대조차 할 수도 없는 상황이었다.
인파에 떠밀려 도착역을 확인할 새도 없이 우리는 바티칸 역에 내렸다. 이곳이 정말 바티칸 역인가 하고 확인할 틈도 없이 이번엔 기다

렸다는 듯이 어린 집시들이 달려들어 팔을 잡아 끌며 구걸을 했다. 아무리 어린 아이들이라지만 어찌나 손아귀의 힘이 세던지, 어지간히 뿌리쳐서는 떨어질 것 같질 않았다.
결국 우리는 어린 집시에게 복숭아 한 개를 쥐어 주고서야 겨우 풀려날 수 있었다. 복숭아 한 개를 받아들고 또 다른 관광객에게 구걸하기 위해 자리를 뜨는 어린 집시를 보니 착잡했다.

아저씨의 재촉으로 일찍 출발한 탓인지 바티칸으로 들어가기 위해 늘어선 줄은 생각보다 길지 않았다. 우리는 설레는 마음으로 수월하게 바티칸으로 들어갈 수 있었다.
바티칸에서 우리를 처음 맞아준 곳은 벨베데레의 뜰이었는데, 이곳에는 아폴로상 등 눈에 익은 조각들이 많이 있었다.
벨베데레의 아름다운 뜰을 지나 우리는 미켈란젤로의 대작인 '천지창조'와 '최후의 심판'이 있는 시스티나 소(小)성당으로 향했다. 역시 이곳에도 그 명성만큼이나 많은 사람들로 넘쳐나고 있었다. 이미 다양한 경로로 내게 익숙해져 있는 그림이었지만 성당 천장에 그려져 있는 거대한 작품은 그야말로 경이로움을 자아내고 있었다. 고개를 들고 한참 동안 그림을 보고 있자니 고개가 아픈 것도, 많은 사람들에게 이리저리 휩쓸리는 것도 느낄 수 없을 정도로 그 웅장함에 빠져들고 있었다.
세 시간 정도에 걸친 우리의 바티칸 관광은 끝이 났다. 짧은 관광이었지만 정말 잊을 수 없는 곳이었다.
거대하면서도 치밀하게 관리되어 오는 뜰, 수많은 미술 작품들, 화려한 궁전들을 원형 그대로 보존하기 위한 바티칸의 노력과 문화유산에 대한 애정 등을 여실히 느낄 수 있는 시간이었다. 그곳은 지나간 과거의 흔적만이 있는 것이 아니라 세월은 흘렀어도 예술에 대한 열정과 사랑은 지금도 면면히 이어져 내려와 생생하게 살아 있는 것 같았다. 미리 조금이라도 공부를 하고 왔다면 더 깊은 감동과 재미를 느낄 수 있었을, 아쉬움이 많이 남는 여행이었다.

바티칸을 뒤로 하고, 민박집 아저씨가 알려준 아이스크림 가게로 향했다. 사과만 한 아이스크림을 입에 물고 로마 시내까지 걸어가기로 했고, 그곳에서 저녁 식사까지 마치고 로마의 야경을 구경했다.
내일은 나폴리로 떠날 예정이어서 로마에서 보내는 마지막 밤을 위해 맥주를 몇 병 사가지고 숙소로 돌아왔다. 잊을 수 없는 로마에서의 마지막 밤은 그렇게 깊어가고 있었다.

# 첫 번째 위기

나폴리를 여행하고 카프리 섬까지 들어가려면 시간이 보통 촉박한 것이 아니다. 그래서 우리는 일찍 서둘러 아침 식사 전에 떠나려고 준비를 하고 있었다. 그러나 우리가 떠나는 걸 못내 아쉬워하는 아주머니의 간청에 하는 수 없이 식탁에 앉았다. 낯선 곳, 낯선 사람들 속에서 만난 같은 민족들만이 느낄 수 있는 진한 동포애가 느껴진다. 거기에는 얄팍한 상술이나 가식이 끼어들 자리가 없다. 진실로 마음에서 우러나온 반가움이 이 숙소에서 묵는 내내 우리를 편안하게 해 주었다.

아주머니의 친절에 가슴이 뭉클해졌고, 몇 번이나 감사하다는 인사를 하면서 서둘러 테르미니 역으로 향했다.

조금 늦게 출발하는 바람에 기차를 타는 시간이 촉박했다. 허둥지둥 나폴리로 향하는 기차에 올랐는데 타고 보니 느낌이 이상했다. 분명 유레일 시간표에는 일반 기차로 표기가 되어 있는데 우리가 탑승한 기차는 유로스타였던 것이다. 뭔가 착오가 있었던 듯하다. 추가금을 지불해야 할 상황이었다. 역시나 승무원은 추가금을 요구했다.

예상치도 못한 추가금을 낸 우리는 찜찜한 기분을 떨쳐낼 수가 없었다. 얼마나 달렸을까? 어느새 기차는 나폴리 역으로 우리를 데려다 놓았다.

나폴리는 항구도시가 가지는 특유의 성격이 그대로 드러나고 있었다. 지저분하고 소란스럽고 사람들은 거칠었다. 세계에서 가장 아름다운 3대 항구 중의 하나라는 미사어구가 무색할 정도였다.

나폴리에서 특별한 여행 일정은 없었다. 아니 오히려 있었다고 해도 그리 내키는 여행은 아니었을 것 같다. 아마도 나폴리에서 느껴지는 첫 인상 때문이리라.

우리는 간단하게 나폴리 피자로 허기를 달래고 바로 카프리 섬으로 들어가기로 했다. 섬으로 들어가는 작은 통통배를 타기 위해 선착장으로 가는 버스에 올랐다. 버스는 꼬불꼬불한 길을 한참 달려 마침내 선착장에 정차했다. 버스에서 내린 우리 앞에 바다가 펼쳐졌다. 비릿한 바다 내음에 한껏 빠져 있을 즈음에 J가 조용히 나를 부른다.

"나 소매치기 당했어."
"뭐? 정말이야?"
"복대 잃어버렸다."
"복대에 뭐 들어 있었어?"
"다 들어 있지. 항공권하고 여권, 유레일패스, 나머지 나라에서 쓸 돈."
"…… 할 수 없지. 로마로 돌아가자."

항공권과 여권, 유레일패스 등 그야말로 없어서는 안 될 것들을 잃어버렸는데도 왜 그런지 우리는 너무나 담담했다.

카프리 섬은 꼭 가보고 싶었던 곳이었다. 아니 카프리 섬에 가기 위해 이탈리아에 왔다고 해도 틀린 말이 아니었을 정도다. 카프리 섬을 눈앞에 두고 다시 로마로 돌아가야 한다니, 떨어지지 않는 발걸음을 돌려 로마로 향하는 우리는 서로 아무 말도 할 수가 없었다.

우선 로마로 돌아갔다가 거기에서 프랑스 니스로 가는 것으로 계획을 수정했다. 로마로 가는 이유는 니스로 가기 위해서기도 하지만 우리가 묵었던 민박집에서 여행을 끝내는 사람들 중에 기간이 남은 유레일패스를 가지고 있는 사람이 있는지 알아보고 어떻게 해서든 그걸 구해 보려는 생각이었다.

심드렁한 마음으로 올라 탄 로마로 가는 기차 안에서 마침 니스로 가기 위해 로마로 간다는 두 명의 여자 여행객을 만났다. 여자끼리 니스로 여행하는 게 걱정이 되는 듯 함께 동행하는 게 어떻겠냐고 물어왔고, 우리는 흔쾌히 승낙하고 기차역에서 만나기로 하고 헤어져 민박집으로 달려갔다. 천만 다행으로 민박집에서 J는 유레일패스를 구할 수 있었다.

20여 일 남은 일정에서 현금 50만 원과 두 번 남은 유레일패스, 무뚝뚝한 친구인 나만이 J가 가진 전부였다. 카프리 섬에서 쓰려고 챙겨두었던 돈을 J의 손에 쥐어주고 나는 그의 어깨를 다독여 주었다. 우리는 어서 이탈리아를 떠나고 싶었다. 이탈리아가 우리에게 준 마지막 선물이 우리로 하여금 이탈리아라면 고개를 절레절레 흔들며 끔찍하게 생각하도록 만들었던 것이다.

기차역에 도착해 보니 니스로 동행하기로 한 일행들이 안 좋은 소식을 전해 주었다. 이탈리아 철도의 파업으로 니스행 열차는 취소되었다는 것이다. 언제 올지 기약도 없단다. 이탈리아는 그곳을 벗어나려는 우리에게 가혹하게도 마지막 절망의 채찍을 휘두르고 있었다. 동행하기로 한 여행객들은 다른 도시를 거쳐서 니스로 가는 기차를 예약했다며 자리를 떴다. 기차 시간을 알려주는 대형 전광판에는 니스로 가는 기차 시간이 크게 새겨져 있었다. 혹시나 하는 마음으로 우리는 전광판 밑에서 가방을 내려놓고 기차를 기다려 보기로 했다. 오가는 사람들 중 한국 사람들이 드문드문 보였는데, 그 사이에서 낯익은 얼굴을 발견할 수 있었다. 베네치아에서 로마로 올 때 같은 컴파트먼트를 이용했던 친구들이었다. 그들 역시 니스로 가기 위해 이곳에 왔지만 철도 파업 소식에 황당해 하고 있었다.
기차 시간이 15분이 지났지만, 우려했던 대로 기차는 오지 않았다.
우리의 마지막 선택은 어느 곳을 경유해 가는지는 알 수 없지만 어쨌든 니스로 간다는 기차를 타는 것뿐이었다. 기차에 올라보니 철도 파업의 여파로 이미 모든 좌석은 말할 것도 없고 복도마저도 만원이었다. 불편한 우리의 심기는 아랑곳 하지 않고 기차는 달리고 또 달렸다. 장장 열 시간을 달려 허름한 역에 도착했다. 이곳에서 니스로 가는 열차로 갈아타야 했다. 이름 모를 간이역에서 기차를 갈아타고 세 시간여를 더 달려 니스에 도착했다. 정말 악몽 같았던 열네 시간이었다. 우선 숙소를 잡아야 했기에 인포메이션에 가서 숙소를 알아봤지만, 성수기라 남아 있는 방은 비싼 호텔의 싱글 룸뿐이었다.
우선 짐을 라커에 넣고 직접 찾아보기로 했다.
니스는 로마보다도 더 덥게 느껴졌다. 얼른 숙소를 잡고 침대에 눕고 싶은 마음뿐이었다. 한 시간을 헤매고 다녔지만 숙소는 구할 수 없었다.
마지막 희망은 스위스 야간 이동뿐이었다. 하지만 우리는 또다시 절망할 수밖에 없었다. 분명히 기차 시간표에는 니스에서 제네바로 가는 야간열차가 있었지만 실제로는 기차 운행이 중단된 상태였다.
아무리 타임테이블을 뒤져보고 인포메이션에 물어봤지만 스위스로

가는 야간기차는 찾을 수가 없었다.
좌절하고 있는 내게, J가 말을 건넸다.
"노바야, 너는 원래 계획대로 스페인으로 가라. 나 때문에 네가 많은 걸 포기하는 거 더 이상은 싫어. 유럽에 언제 또 올지 모르는데 나중에 후회할지도 모르잖아. 어떻게든 나 혼자 스위스로 갈게. 우리 파

리에서 만나자."
이게 무슨 말인가. 난 한 번도 J때문에 손해보고 있다고 생각하지 않았다. 나머지 일정 숙박비와 한 번 남은 유레일패스밖에 없는 J를 혼자서 보낼 수는 없었다.
그 순간 나는 여행을 하면서 얻을 수 있는 가장 커다란 것은 자신에

대한 발견이 아니라 소중한 친구임을 절실히 깨달았다.
우리는 내색하지 않았지만, 서로에게 고마워하며 스위스로 갈 방법을 찾았다. 다행히 스위스에서 니스로 왔다는 한국 사람을 통해서 스위스로 야간 이동할 수 있는 방법을 찾았다. 우선 프랑스에 위치한 물하우스란 곳으로 가서 열차를 갈아타고 한 시간 정도를 달리면 프

랑스와 스위스의 국경인 바젤에 도착하게 된다.
니스에서 우리에게 허락된 시간은 두 시간가량이다. 우선 허기진 배를 채우고 니스 해변에 가보기로 했다.
니스에서 유명하다는 중국집을 찾아갔다. 중국집이라고 해도 우리나라처럼 자장면을 파는 건 아니다. 만두, 닭다리, 볶음밥 등 여러 가지

다양한 중국 음식들을 조금씩 사 먹을 수 있다. 생각보다 맛도 가격도 괜찮아서 우리는 만족했고 화장실에 들러 땀에 젖은 몸과 옷들을 세탁한 후 니스 해변으로 향했다.

니스 해변은 감탄을 자아내기에 충분했다. 휴양지 관광 엽서에서나 볼 수 있는 환상적인 비치가 펼쳐져 있었다.
시원하게 뻗은 해변도로, 한없이 투명한 바다, 그런 바다에 몸을 맡기고 마음껏 즐기는 젊은이들, 아득히 떠 있는 범선들까지. 지금까지의 피곤함과 절망감이 일시에 싹 해소되는 것 같다. 마음 같아서는 나 역시 그 풍경 속의 하나로 어우러지고 싶었다. 하지만 아쉽게도 곧 떠나야 했다.
두 시간의 짧은 니스 해변 여행을 마치고 서둘러 기차역으로 돌아왔다. 물하우스행 열차가 서서히 플랫폼으로 들어오고 있었다. 내려놓았던 배낭을 힘차게 어깨에 맸다.
이제 스위스로 들어간다. 자, 우리의 여행은 다시 시작이다.

good bye
# 나에게로 가는 길

어떠한 어려움이 있다 해도
이 길이 끝나지 않기를…….

# good bye 새로운 시작

언제나처럼 열차가 들어옴과 동시에 열심히 뛰었지만 컴파트먼트는 우리를 기다려 주지 않았다. 맨 뒤칸까지 뛰어 가서야 컴파트먼트를 발견할 수 있었는데 딱 두 칸뿐이었고, 그나마도 이미 예약한 사람들로 가득 차 있었다.

컴파트먼트를 맡지 못했다면 재빨리 맨 뒷좌석이라도 맡아야 한다. 맨 뒷좌석은 다른 좌석과는 달리 뒤에 사람이 없고 얼마간의 공간이 있어서 의자를 젖히면 예상 외로 편안한 잠을 잘 수도 있었다. 니스로 오던 악몽 같은 밤을 보상이라도 받듯이 우리는 지난 밤과는 비교도 할 수 없을 만큼 편안하게 물하우스에 도착했다.

여기서 스위스행 기차로 갈아타야 했다. 우리의 최종 목적지는 루체른이었지만 직접 가는 기차는 없었기 때문에 프랑스와 스위스의 국경이 있는 바젤에서 또 다시 기차를 갈아타야 했다.

역은 비어 있었고, 고요하기까지 했다. 기차 시간까지는 아직 두 시간이나 남아 있었고, 마실 물마저 바닥을 드러내고 있었다. 아무도 없는 화장실에서 간단히 몸을 씻고 물을 받아 마셨다.

우리에겐 두 시간이 너무나 길었고 아침 햇살은 뜨겁기만 했다. 드디어 바젤로 가는 기차가 도착했고 한 시간여를 달려 바젤에 도착했다. 기쁜 마음에 스위스로 가려고 하는데 프랑스 군인이 우리 앞을 막아

선다. J는 여권을 분실했기 때문에 우려하던 대로 문제가 생기고 말았다. 여권을 잃어버렸다고 여권 복사본을 보여주니 영어와 불어를 섞어가며 불편한 심기를 내비친다. 하지만 스위스 군인의 배려로 우리는 무사히 국경을 통과할 수 있었다.

스위스에는 어떤 일들이 우리를 기다리고 있을까 하는 설렘에 발걸음이 빨라진다.

루체른으로 향하는 기차 밖의 풍경은 너무나 평화로웠고 그동안의 피로마저 씻어주는 듯했다.

역에 도착하자마자 인포메이션에 들러서 지도를 받고 백팩커(backpacker, 여행자 숙소)의 위치를 물어봤다. 스위스 사람들은 상당히 친절하고 온화한 분위기를 풍겼다. 백팩커에 전화해서 빈방 여부를 확인한 후 예약까지 해주었다. 백팩커로 가는 길에 왼쪽으로 보이는 루체른 호와 아름다운 풍경에 잠시 근심을 잊을 수 있었다.

안타깝게도 숙소는 내일부터 모두 예약이 꽉 차서 하루밖에는 머물 수가 없었고 그것마저도 도미토리는 꽉 차서 상당히 가격 차이가 나는 더블 룸에서 자야만 했다. 백팩커의 더블 룸은 유럽 여행 중 우리가 묵었던 숙소 중 단연 최고였다. 테라스로 나가는 출구 쪽은 전체가 유리로 되어 있어서 눈앞에 초록빛 호수가 끝없이 펼쳐진다.

개인용 사물함과 책상, 폭신한 카펫, 테라스에 놓여 있는 탁자와 의자. 몸은 피곤했지만 기분은 상쾌해졌다. 샤워를 끝내고 루체른 시내를 가볍게 한 바퀴 돌아보기로 했다.

시내를 돌아다니던 중 우리의 발걸음을 멈추게 한 것이 있었는데, 바로 스위스 나이프를 파는 상점이었다.

아버지 선물로 스위스 나이프를 사고 싶었다. 나머지 일정 숙박비를 내기도 힘든 상황에서 선물을 살 만한 여유는 없었지만 아버지 선물만큼은 무리를 해서라도 꼭 사 드리고 싶었다.
상점에 들어가서, 나이프를 보여 달라고 했다. 점원은 여러 개의 나이프를 보여주면서 하나하나씩 설명을 하기 시작한다.

"big knife, please."

J가 점원에게 조용히 건넨 말이다.

그렇다. 우리는 가장 큰 나이프를 사고 싶었다. 아버지께는 가장 크고 좋은 걸 사 드리고 싶었다.
점원은 웃으면서 커다란 스위스 나이프를 꺼내 보인다. 가격에 상관없이 무조건 사기로 했다.
앞으로 몇 끼를 굶어야겠지만 기쁜 마음으로 견딜 수 있을 것 같았다.
우리는 똑같은 나이프를 사서 똑같은 문구를 새겨 넣었다.

'FOR FATHER'

아무리 생각해 봐도 이 문장밖에 생각나지 않았고, 우리의 마음이 담긴 최고의 문장이기도 했다.
이후로 힘들 때마다 나이프를 꺼내보며 아버지가 기뻐할 모습을 떠올리고 힘을 냈다.
선물을 사고 나서야 배고픔이 느껴졌다. 어제 이후로 아무것도 먹지 못한 터였다.
점심을 먹기엔 늦고 저녁 먹기는 이른 시간이라 루체른을 조금 더 둘러보고, 저녁을 먹기로 했다.
루체른 역에서 나오면 가장 먼저 눈에 띄는 것이 호수를 가로지르는 카펠교인데 중세의 분위기를 그대로 느낄 수 있는 아담한 목조다리다. 이 다리는 루체른의 상징이기도 하지만 세계에서 가장 오래된 목조다리이다. 이렇게 지난 세월의 흔적을 가지고 있는 다리 위에 눈살을 찌푸리게 하는 것이 있었으니 바로 관광객들이 남겨 놓은 낙서들이다. 그 낙서들 중에는 한글도 심심찮게 눈에 띈다. 얼굴이 화끈거린다.
저녁을 먹고 숙소에 왔는데 카운터에서 반가운 이들을 만났다. 대구에서 온 형들인데 처음 뮌헨 역에서 만나고 찰스부르크에서 두 번째로 만났고 이번이 세 번째로 만난 것이다. 이런 우연도 다 있을까. 하긴 여행하는 코스가 비슷하니 이런 일도 드문 일만은 아닐 것이다.
반가운 마음으로 휴게실에서 이런저런 이야기를 나누고 있는데 한국인 여행객 S가 인사를 건넨다. 그는 회사에서 영국으로 세미나를 왔다가 혼자 남아 배낭여행 중이라고 했다. 우리는 모두 함께 루체른 야경을 보러 가기로 했다.
루체른 야경을 보러 나갈 준비를 하고 있는데 한 쪽에서 한국인 여자와 외국인이 오랜 시간 얘기를 하고 있었다. J가 지나가면서 내용을 얼핏 들어보니 어쩌면 유레일패스를 하나 얻을 수 있을 것 같다며 들떠 있었다. 결국 J는 그 한국인 여자에게 유레일패스를 얻을 수 있었다.
스위스의 밤풍경도 역시 다른 유럽의 밤과 다름없이 노래와 맥주가 어우러져 활기차고 평화로웠다.
우선 빈사의 사자상을 보고 성벽을 따라 산책을 하기로 했다. 밤에 보는 사자상의 얼굴은 더욱 슬퍼보였는데, 옆을 보니 눈물을 쏟는 사람도 있었다. 이 사자상은 프랑스 대혁명 때 루이 16세를 지키려다 전멸한 스위스 용병을 기리기 위해 세워졌다고 한다.

우리는 성벽을 따라 걷는 내내 말이 없었다. 그 누구도 먼저 말을 꺼내지 않고 조용히 한가로움을 만끽하고 있었다. 아주 오랜만에 느껴보는 편안함과 행복감이었다.

말하지 않아도 웃음이 나고, 짜증나고 힘든 일이 있더라도 다 잊고 행복해질 수 있는 곳. 내게 스위스는 그런 나라였다.

스위스의 첫날은 우리에게 그야말로 꿈같은 하루였다. 우리는 이틀 만에 제대로 된 잠자리에서 하루를 마감할 수 있게 되었다.

## good bye 두 번째 위기

오늘은 필라투스에 오르기로 한 날이다. J는 여권을 재발급받기 위해 아침 일찍 베른으로 떠났다. 베른까지 갔으니 여행도 하고 오겠다며 카메라까지 챙겨서 나갔다.
필라투스로 가기 위해서는 일단 유람선을 타야 한다.
루체른 역 앞 선착장에 가니 옛날 영화에서나 봤음직한 굴뚝에서 연기가 나오는 그런 유람선이 정박해 있었다. 첫 배였지만 관광객을 비롯하여 많은 사람들이 배에 올랐다. 2층 가장 앞좌석에 자리를 잡고 분위기를 잡고 있는데 2층은 유레일패스 1등석을 소지한 손님 전용이라며 아래층으로 내려가란다.
투덜대며 내려가니 잠깐 사이에 사람들은 가득 차 있었다. 한 시간 동안 서서 가야 했지만, 어차피 아름다운 풍경 앞에서 앉아 있는다는 건 불가능했다.

긴 경적을 울리며 필라투스에 도착한 유람선은 정상으로 뻗은 철로가 보이는 산 아래에 우리를 내려놓았다.
여기서부터는 산악열차를 타고 정상까지 올라가야 한다. 꽤 가파른 경사 때문에 마치 롤러코스터를 탈 때 느낄 수 있는 짜릿한 스릴을 맛볼 수 있었다. 굉장히 색다른 재미이다. 최대한 자연을 파괴하지

않고 보존하는 차원에서 철로를 놓다 보니 이렇게 가파르게 되었다는데 자연이 주는 혜택을 겸허히 받아들이고 자연을 거스르지 않는 이곳 사람들의 가치관에 마음속으로 박수를 보냈다.

정상에 다다르자 귀가 먹먹하고 어지럼증이 일기도 했다. 산 아래에서 무거운 장비를 메고 걸어서 산을 오르는 사람들도 눈에 띄었다. 기차를 타지 않고 직접 산을 밟으며 오르는 기분은 어떨까. 그 힘든 여정을 상상도 할 수 없지만 한 번쯤 도전해 보고 싶다는 생각이 들기도 한다.

정상에서 내려다보는 산 아래의 풍경은 정말 장관을 이루었다.

발밑에 보이는 구름은 아지랑이가 피어오르는 듯 스멀스멀 피어올라 내 몸을 서서히 감싸고 있었다. 날씨가 좋아서 저 멀리 눈 덮인 산들이 보인다. 저 봉우리 중에 하나가 융프라요흐일 텐데.

필라투스에서는 만년설을 볼 수 없어서 못내 아쉬웠다.

이렇게 필라투스 등반을 마치고 숙소로 돌아왔다. 저녁 먹을 시간이 한참 지난 뒤에야 J가 웃으면서 나타났다. 얼굴은 웃고 있었지만 뭔가 느낌이 이상했다. 아침에 메고 나갔던 보조백은 온데간데없고 빈손이었다.

우리 여행에 최대의 위기를 맞는 순간이었다. J는 베른에서 가방을 통째로 소매치기를 당했다고 한다. J는 카메라, 힘들게 얻은 유레일 패스 두 장, 그리고 남은 돈까지 몽땅 잃어버렸다.

순간 머릿속은 깜깜해졌고 웃음밖에 나오질 않았다. J의 심정은 어떠했을까.

이제 계획이고 뭐고 없었다. 우선 저녁부터 먹고, 나중에 생각하기로 했다.

가난한 우리에게 그 밤을 보낼 수 있는 방법은 노숙뿐이었다.
큰 짐은 형들에게 맡기고 노숙할 준비를 해서 숙소를 나왔다.
우리는 한동안 강가에 앉아 흐르는 강물을 바라봤다.
루체른 역 대합실에 가보니 노숙할 수 있는 환경이 아니었다.
마땅한 곳을 찾다가 강가 옆에 넓은 평상을 발견하고 그곳에 자리를 잡았다.
점퍼를 입은 채로 담요를 칭칭 감고 가방을 베개 삼아 잠을 청했다.
하지만 어찌나 추운지 졸음이 밀려오는 데도 잠이 오질 않았다.
한 시간 정도 흘러 선잠에 빠져있을 때, 문득 지금 잠들면 죽을지도 모른다는 생각이 들었다. 그 당시에는 정말 그런 생각이 들었다. 뒤척이는 J를 깨워 다시 루체른 역으로 갔다.
루체른 역 지하에 있는 벤치에 자리를 잡고 다시 잠을 청했다. 아까보다 훨씬 따뜻했지만 역시 잠이 오질 않았다.
J를 깨워 앞으로 어떻게 할지에 대해 상의했다.
J는 "어떻게든 되겠지"라며 말끝을 흐렸다.
그래.
어떻게든 되겠지.

# good bye 인터라켄으로

새벽에 부는 찬바람이 몹시도 매서웠지만, 그런대로 잠을 잘 잤다. 루체른 역 지하의 철망 의자에서 잔 탓에 온몸에 선명한 철망 자욱이 지난밤의 불편했던 잠자리를 생생히 증명하고 있다. 하지만 컨디션이 아주 나쁘진 않았다.

형들이 묵고 있는 숙소로 가는 길. 아무도 없는 루체른 호에 떠있는 조그만 배들은 새벽의 정취를 더하고 있었다. 잠시 발길을 멈추고 강가에 앉아 새벽 공기를 음미했다.

숙소에 도착하니 형들은 아직 자고 있다. 아늑한 잠자리를 보니 갑자기 피곤함과 졸음이 쏟아졌다. 고맙게도 형들이 인터라켄에 다녀오는 사이 잠깐이나마 침대에서 눈을 붙일 수 있었다.

얼마나 잤을까? 눈을 떴을 땐 11시가 조금 넘은 시각이었다. 식당에 가서 프리푸드 코너에 남아있는 스파게티 면에 한국에서 준비해 온 라면 스프를 이용해 정체 모를 요리를 해먹었다.

식사를 마치자 J는 오늘 하루는 쉬겠다며 다시 침대로 들어가 버렸다. 어디를 갈까 고민하다가 바젤에 다녀오기로 했다. 스위스로 오는 길에 무심코 지나쳤던 곳이지만 프랑스와 스위스를 동시에 느낄 수 있는 곳일 거라 생각했다.

바젤은 스위스보다 프랑스의 영향을 많이 받은 것 같았다. 스위스의

풍경을 기대하고 갔다가 조금 실망했다.

바젤을 둘러본 후에 루체른으로 돌아와 그날 밤도 짐을 형들에게 맡기고 노숙 준비를 해서 역으로 향했다.

지난밤 새벽 무렵 상당히 추웠기에 지하 주차장에서 잠을 청했다. 기름 냄새가 좀 역했지만 따뜻했고, 그렇게 두 번째 노숙의 밤은 지나가고 있었다.

잠자리가 따뜻해서 그런지 8시가 넘어서야 잠에서 깼다. 눈을 비비며 주위를 둘러보니 비어 있던 주차창은 꽉 차있었다. 사람들도 분주하게 움직이고 있다.

숙소에 가서 형들과 작별 인사를 하고, 샤워를 하고 짐을 챙겨서 나왔다.

드디어 정들었던 루체른 역을 떠나 인터라켄으로 들어간다. 루체른에서 인터라켄 구간은 아름답기로 이름난 곳이었다.

기차는 아름다운 스위스의 자연 속을 뚫고서 인터라켄 동역에 도착했다.

뜻밖에도 한국에서 떠날 때 같은 비행기를 탔던 누나와 함께 여행하고 있는 H를 만났다. 이탈리아에서 건너 온 H와 인터라켄에서의 일정이 비슷해서 당분간 같이 움직이기로 했다.

우리는 우선 알프스에 오르는 산악열차를 예약하고, 캐녀닝(canyoning)도 예약했다. 두 번의 소매치기로 인해 우리에겐 여윳돈이 없었지만 스위스까지 와서 그냥 돌아간다면 평생 후회로 남을 것 같았다.

앞으로 몇 번의 노숙과 끼니를 건너뛰어야 하는 고통이 뒤따르겠지만 더 많은 걸 경험하고 돌아가야 한다는 집념 앞에서는 그 어떤 것도 문제될 것이 없었다.

J는 항공권 재발급 문제로 독일에 갔다 와야 하기 때문에 캐녀닝만 예약했다. H는 스토키 할머니네로 숙소를 예약해 놓은 상태였고 나와 J는 발머 캠프에서 숙박하기로 했다. 발머 캠프는 말 그대로 캠핑장이다. 사방이 눈 덮인 알프스로 둘러싸여 있고 지붕이 뾰족한 텐트가 빼곡히 들어서 있었다.

하늘에 걸린 수많은 별들이 우리를 비추고 있었다. 오랜만에 잔디밭에 누워 하늘을 바라보았다.

내일은 라우터브루넨에서 H와 만나 산에 오르기로 했으므로 아침 일찍부터 서둘러야 한다. 산자락이라 그런지 텐트 안은 너무 추었다. 입김이 나오고 천장에는 이슬이 맺혔다. 잠을 자려고 침대에 누웠지만 쉽게 잠이 오질 않았다.

## good bye 알프스

텐트 위에서 떨어지는 물방울 때문에 밤새 잠을 설쳤다.
밖은 아직 깜깜하다. 인터라켄 동역까지는 걸어서 가야 하는데 도무지 엄두가 나질 않았다. 그래도 어쩔 수 없이 무작정 가방을 메고 길을 나섰다. 어제 차를 타고 오면서 봐두었던 풍경이 전혀 기억나질 않아 조금은 당황스럽고 긴장이 되었다.
지도를 보고 열심히 걷다보니 날도 밝아오고 기차소리도 들린다.
드디어 인터라켄 역에 도착했다. 신기하게도 어제는 보이지 않던 호수에 증기유람선까지 보인다. 이상하다는 느낌이 들었다. 아뿔싸, 이곳은 인터라켄 서역이었다. 40분이나 걸려서 찾아왔는데, 다시 온 길을 되돌아 가야 한다니.
일곱 시가 되서야 가까스로 인터라켄 동역에 도착했다.
잠시 후 기차가 도착했다. 작고 아담하지만 튼튼해 보이는 기차였다.
라우터브루넨에 도착해서 쉴트호른으로 향하는 케이블카를 탔다.
케이블카가 정상에 도착하자 사진을 찍고 있는 H가 눈에 띈다. 일찌감치 도착해 있었던 모양이다. 케이블카 문을 열자 불어오는 바람이 너무 시원하고 상쾌하다.
날씨가 좋아서 건너편 융프라요호도 보인다.

쉴트호른에서 유명한 것은 007시리즈에 등장했던 회전 레스토랑이다. 원형의 레스토랑이 천천히 360도 돌아간다. 커피 한 잔을 시켜 놓고 잠시 휴식을 취하며 창 밖으로 보이는 그림 같은 풍경에 잠시 눈과 마음을 모두 맡겨 본다. 쉴트호른에서 내려오는 길에는 기착지마다 잠시 내려서 하이킹을 할 수 있다.

『알프스 소녀 하이디』에 나올 법한 풍경이 펼쳐지는 곳이 바로 뮈렌이다. 아주 작은 마을인데 집들도 예쁘고, 넓은 초원과 멀리 보이는 눈 덮인 알프스가 너무 아름답다.

이제는 동굴폭포에 갈 차례다. 폭포가 동굴을 뚫고서 흐르는 멋진 풍경을 볼 수 있는 곳이다. 여행책자에는 얼마 전 일본인 관광객이 실족해서 사망했으므로 아주 위험한 곳이니 각별히 조심하라는 내용이 적혀 있었다.

동굴에 들어서니 낭떠러지 한 쪽에 유레일패스 한 장이 바위에 붙어 있다. 동굴 주위는 바람이 굉장히 세서 아마도 실수로 놓친 유레일패스가 물에 젖은 바위에 날아가 붙은 것 같았다.

줄이라도 있으면 몸에 묶고 내려가서 가져오고 싶었지만 속수무책이었다. 하긴 가져가기 쉬운 곳에 붙어 있었다면 다른 사람들이 가져가도 벌써 가져갔을 것이다.

J에게 꼭 필요한 건데 너무 안타까웠다. H는 어쩔 수 없으니 미련두지 말고 그냥 가자며 팔을 끌어 당겼다.

동굴폭포를 다 둘러보고 나오는데 유레일패스가 다시 보인다.

이번엔 도저히 그냥 갈 수가 없었다. 가방을 벗어 던지고는, 한번 시도해 보기로 했다.

주위 사람들도 모두 말렸지만. 해보지 않고서는 발걸음이 돌아서질

것 같지 않았다. 한 손으로 난간을 잡고 팔을 뻗어보았지만 많이 모자랐다.

H가 그만 올라오라며 소리를 질렀으나 잡고 있던 난간에서 손을 떼고 더 밑으로 내려갔다.

한 손으로 튀어나온 바위에 매달려서 간신히 유레일패스를 손에 넣었다. 올라오자 주위에 있던 사람들이 나를 에워쌌다.

떨리는 마음으로 유레일패스를 펴보니 다행히 아직 기한이 남아 있어 쓸 수 있는 패스였다.

J가 알면 너무 좋아하겠지.

패스에 적힌 이름은 한국 이름이었는데 그 상황에서는 미안한 마음이 들기보다는 고마운 마음뿐이었다.

점점 어둠이 밀려오기 시작했다. 서둘러 라우터부르넨을 내려와 발머 캠프로 돌아왔다.

J는 아직 돌아오지 않았다.

오늘은 발머 캠프에서 노숙을 하기로 했다. 텐트 바닥에 담요를 깔고 눕자 텐트 사이로 바람이 세차게 불어온다.

저절로 몸이 움츠러든다. 어서 J에게 유레일패스를 보여주고 싶었는데 열두 시가 되어도 J는 오지 않았다.

두 시가 한계였다. 상당히 추웠지만 눈이 저절로 감겨왔다. 그때까지도 J는 오지 않았다.

## good bye 마지막 한걸음

날이 밝아올 무렵 눈이 떠진 나는 옆자리를 돌아보았다. 언제 들어왔는지, 옆에는 새우잠을 자고 있는 J가 있었다.
자고 있는 J를 깨워서 어떻게 된 거냐고 물어봤더니 다행히 무료로 항공권 재발급을 받았다고 한다.

오늘은 캐녀닝을 하기로 한 날이다.
스위스가 아니면 해볼 수 없는 레포츠이면서 재미와 스릴 또한 최고다.
캐녀닝은 방수복과 구명조끼를 입고, 계곡을 맨몸으로 내려오는 거다.
캠프에서 안전장비를 착용하고서 지프를 타고 산으로 올라갔다.
창 밖으로 보이는 호수는 바다를 연상시킬 정도로 파랗고 넓었다.
우리는 소풍을 가는 것처럼 들떠 있었다. 지프는 산 중턱에 우리를 내려놓았다.

첫 번째 코스는 상상도 못했던 암벽 등반이다.
폭포 옆 직각 절벽에서 줄을 타고 계곡으로 내려오는 거였다.
절벽에 매달리니 다리가 후들거리고 긴장됐는데, 내려올 때쯤에는 너무 재미있어서 또 하고 싶었다.
이제부터 계곡을 타고 하류지역까지 내려가는 코스였는데 재밌는 코

스가 아주 많았다.

가슴까지 차는 물속을 헤엄치기도 하고, 자일을 타고 계곡과 계곡 사이를 날아가기도 하고……

마지막 코스는 10여 미터 폭포 아래의 물로 뛰어내리는 것이었는데, 정말 그 스릴과 쾌감은 해본 사람만이 알 수 있다.

"3! 2! 1! 캐녀닝!"

물속으로 뛰어들 때마다 외치던 이 구호가 지금도 생생하다.

아쉽고 재미었었던 시간이 지나고, 짐을 싸서 라우터부르넨으로 올라갈 준비를 했다. 산악열차를 타고 라우터부르넨에 도착하니 비가 부슬부슬 내리고 있었다.

숙소에서는 H가 수제비를 해주겠다며 요리 삼매경에 빠져 있었다.

저녁을 맛있게 먹고 벤치에 둘러앉아 숙소 사람들과 인사를 하고 얘기를 나누기 시작했다.

한동안 즐거운 수다가 이어졌고, 우리도 오랜만에 평화로운 밤을 맞이하고 있었다.

사람들이 취침 준비를 하러 들어가고 우리 둘만 남았을 때, 유레일패스를 J에게 내밀었다.

"이거 어떻게 구했니? 사람들한테 사정 얘기하고 얻은 거야? 나 이제 사람들한테 동정 사는 거 싫어. 이거 안 받을래."

이제까지 사람들을 전혀 의식하지 않고, 씩씩하게만 보이던 J가 조금씩 자존심에 상처를 입었었나 보다.

"그런 거 아냐. 이거 내가 목숨 걸고 구한 거야. 부탁이야. 받아라. 너만 놔두고 혼자 갈 수가 없어."

J는 한동안 말이 없더니 유레일패스를 받았다.
하루가 지나면, 난 독일로 간다. 없는 돈에 무리해서 산에 오르고, 캐녀닝을 하기로 하면서 이미 결심한 일이다.
스위스에서는 더 이상 노숙할 장소가 마땅치 않고 돈도 다 떨어져 간다. 야간 기차에서 밤을 보내기 위해 며칠간 독일에 다녀오기로 했다.

J는 스위스에 남기로 하고 우리는 파리에서 다시 만나기로 했다.
아무리 내 마음을 알아주고 힘이 되어 주는 사람이 있더라도 어쨌든 마지막 한걸음은 혼자서 가야 한다.

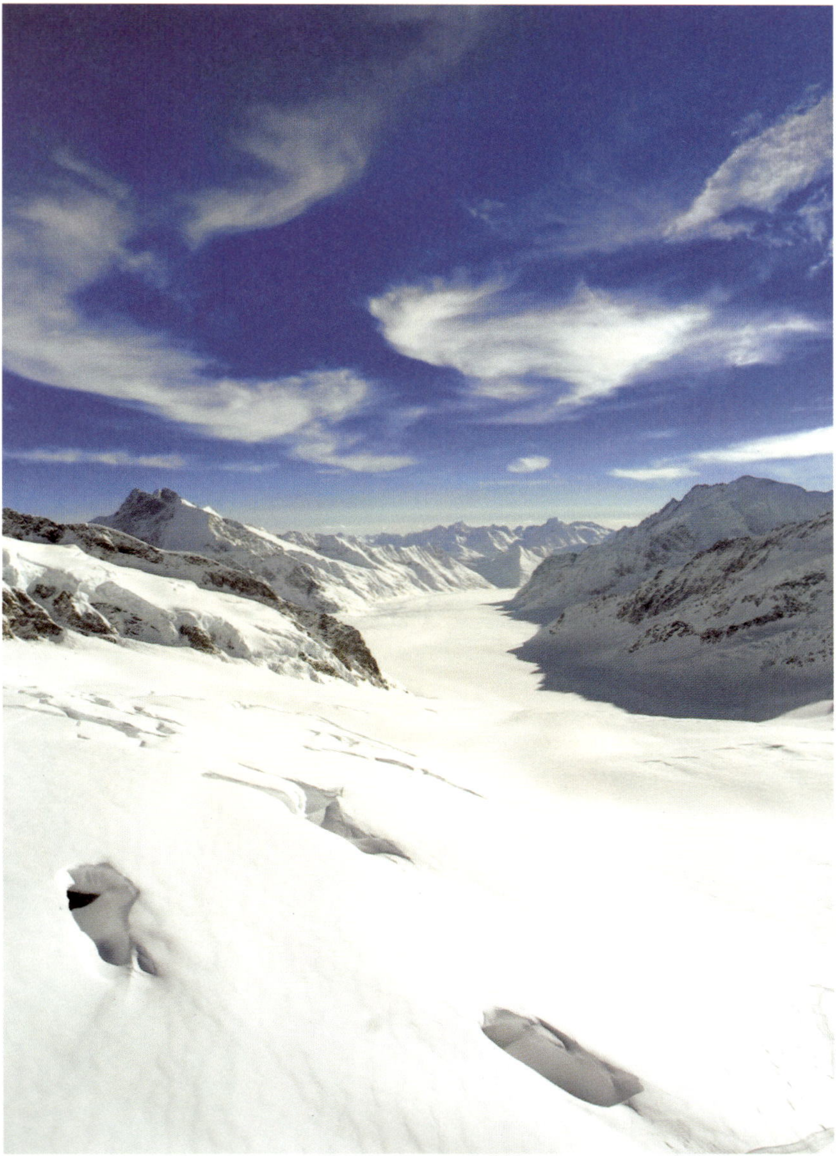

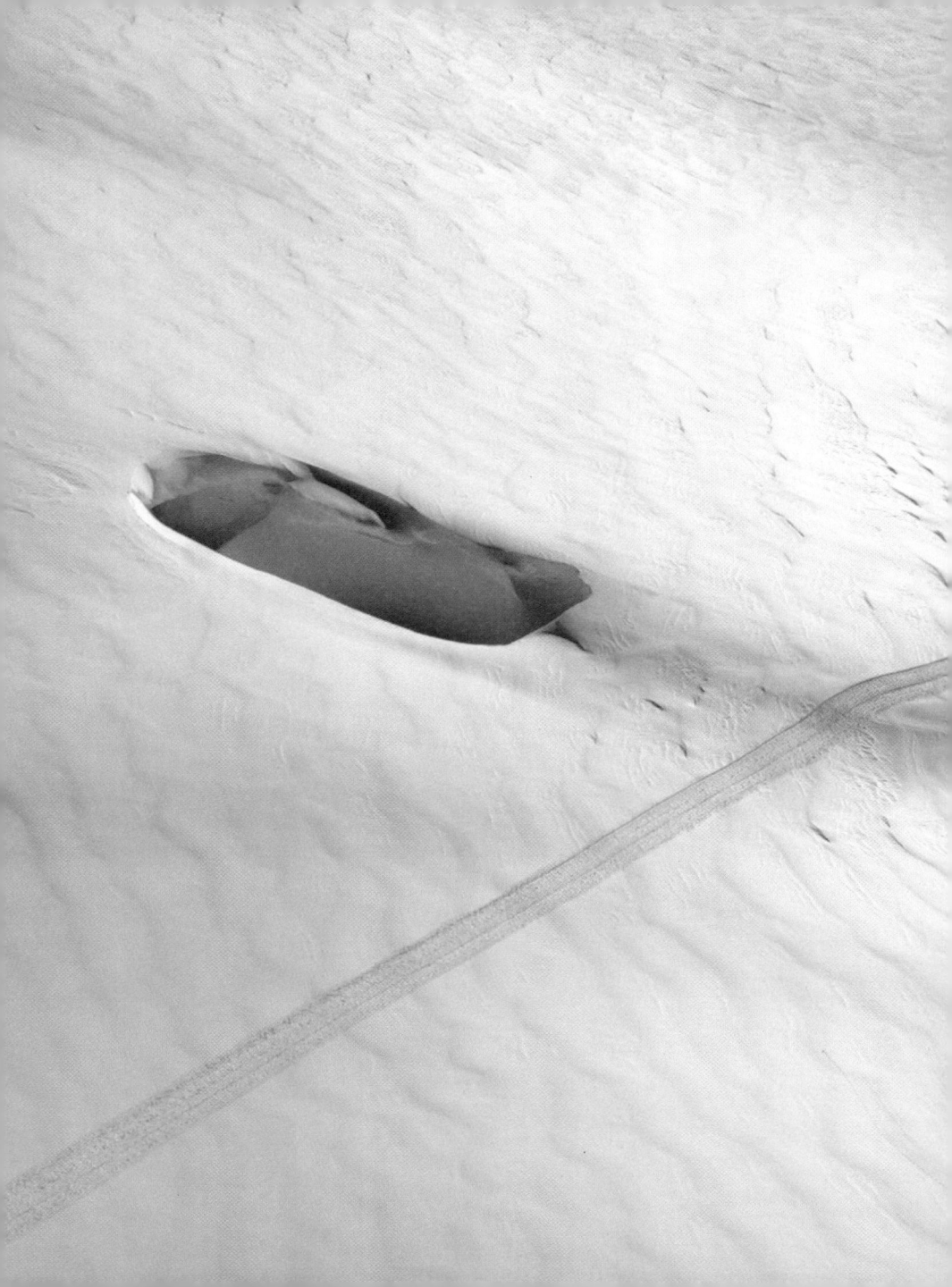

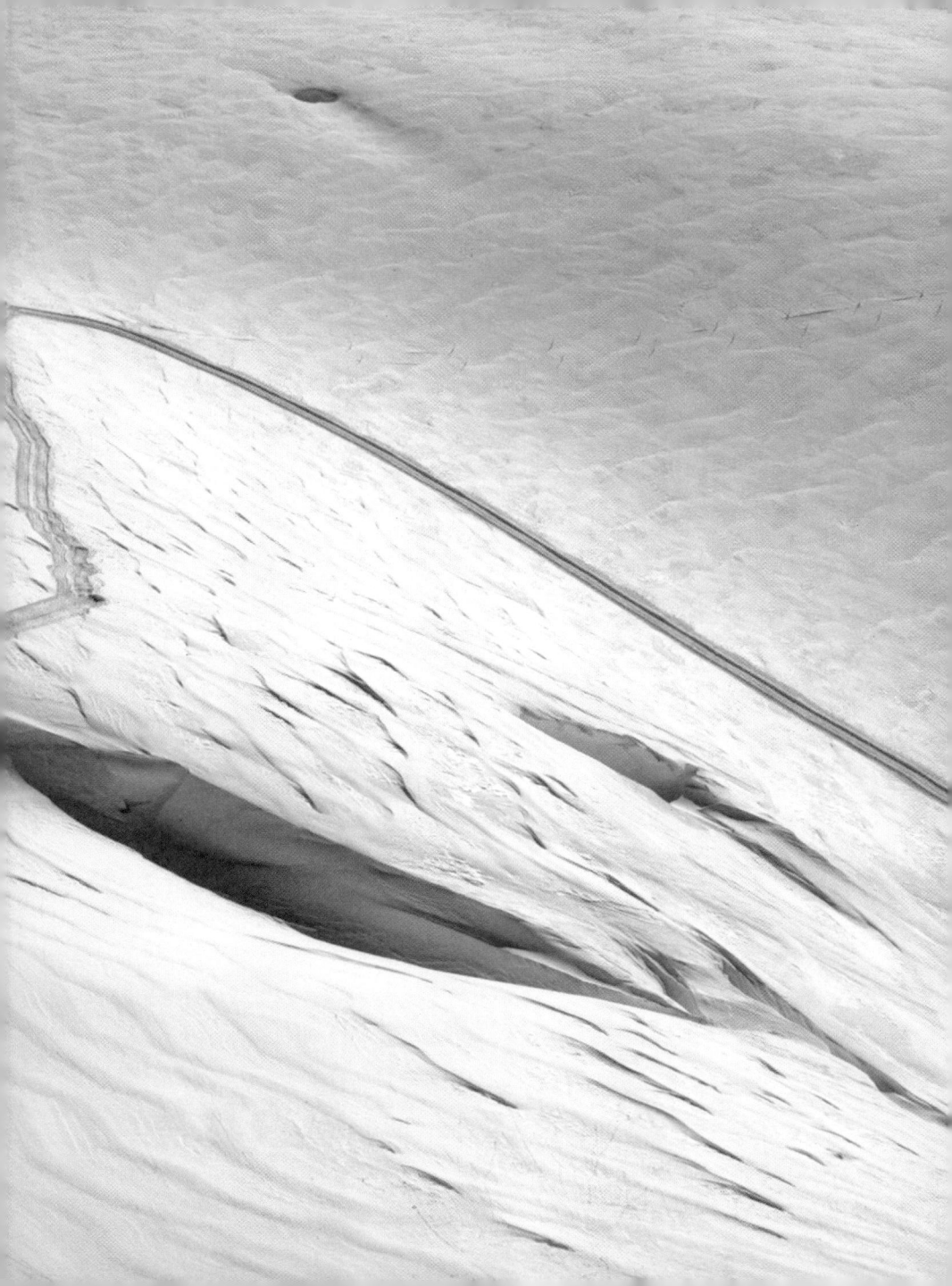

## good bye
## 하늘이 울먹이던 날

파리로 가는 야간 기차에서 지낸 며칠 동안 한국 사람은 거의 보질 못했다. 한국말이라곤 툴툴거리던 혼잣말이 전부일 뿐 사방이 낯선 이방인들의 언어와 몸짓뿐이었다. 몸도 마음도 외로웠다.
가방에는 딱딱한 바게트와 물뿐이었고, 무작정 계속 걸었다. 며칠 동안 가계부에는 지출이 '0'이라고 적혀 있었다.
제네바에서 TGV를 타고 파리에 도착해서 우여곡절 끝에 J를 만났다.

고단하고 외로웠던 여행길에 있었던 나에게 편안한 잠자리와 따뜻한 밥을 먹을 수 있는 민박집은 천국처럼 느껴졌다.
나보다 이틀 먼저 파리에 도착한 J는 가이드를 해주겠다며 반가움의 표시를 대신했다. 아무런 걱정 없이 파리 거리를 걷고 있자니 그동안의 여독이 스르르 풀리면서 편안해짐을 느낀다.
파리의 첫인상은 생각처럼 그렇게 낭만적이거나 유행을 선도하는 세련된 곳이 아니었다. 오히려 지저분하다고 해야 더 정확한 표현일 것 같다. 특히 파리의 지하 세계는 지저분할 뿐만 아니라 위험해 보이는 부랑자들의 천국이다. 하지만 안 좋던 파리의 인상은 이틀을 넘기지 않았다.
노을에 기대어 걷는 세느 강변은 독특한 매력과 운치로 내가 아직 유럽에 있음을 확인시켜 주었고 처음 유럽에 발을 내딛었을 때의 열정과 설렘을 되찾게 해주었다. 길게 뻗은 샹젤리제 거리 한가운데 서서 개선문을 바라보며 언젠가는 꼭 이곳에서 크리스마스를 맞이해 보고 싶다는 생각을 하기도 했다.

유럽 어디에서나 흔히 보던 거리의 악사들. 이곳도 예외 없이 많은 거리의 악사들이 있었다. 하지만 어떤 이유에서인지 이곳의 악사들을 보면 그냥 지나칠 수가 없었다. 그들이 연주하는 음악에 온몸이 다 취하는 듯했다. 어떠한 것에도 제약받지 않고 마냥 쭈그리고 앉아 마음껏 도취할 수 있어 행복했다. 연주가 끝나면 나도 모르게 손이 얼얼할 정도로 박수를 치고 있었다. 그렇게 힘찬 박수와 몇 개의 동전으로 그들이 내게 준 행복감에 대한 보답을 하고 돌아섰다.

내 기억속의 파리는 그런 곳이었다.

파리에는 화려한 건물들이 아주 많았다. 샹젤리제 거리의 중심에서 웅장함을 느끼게 하는 개선문을 비롯해서 아름다운 노틀담 성당, 그리고 일일이 그 이름들을 다 알 수 없는 작은 다리들도 평범하지 않고 특별했다.

무엇보다 저녁 무렵의 세느 강변은 그 어느 것과도 비교되지 못할 만큼 황홀했다. 강변을 거니는 사람들에게서도 파리의 모습이 그대로 드러난다. 그들의 표정 속에 파리의 표정이 고스란히 녹아 있다.
우리는 매일 저녁 세느 강변의 벤치에 앉아 말없이 노을을 바라보곤 했다.
너무나 기대하던 세느 강에서 유람선을 타기로 한 날이다. 스위스에서 노숙을 하고 끼니를 건너뛰면서까지 지켰던 비상금으로 이 유람선을 타기로 했다.
밤 열 시가 넘자 드디어 우리는 유람선에 올랐다. 유람선상에서 바라보는 파리의 모습과 세느 강은 또 다른 얼굴로 우리의 기억 속에 존재하길 원했다.
세느 강의 유람선 위에서 느꼈던 시원한 바람, 그리고 보석같이 밤하늘을 아름답게 수놓던 에펠탑의 불빛. 그야말로 말로는 표현할 수 없는 황홀감에 빠져 들었다. 흐르는 시간이 더없이 야속했다. 부슬부슬 내리는 빗속으로 파리의 야경을 보고 있자니 가슴 속에서 무언가 뜨거운 것이 올라오는 듯하다.

한국으로 돌아가야 할 날이 오고야 말았다.
독일에서 스위스로 향하는 야간 기차 안에서 말동무 하나 없이 복도에 쭈그리고 앉아 추위에 몸서리칠 땐 집으로 돌아가고 싶다는 생각을 하기도 했다.
하지만 그것도 잠시, 이제야 내가 이곳에 와 있는 이유를 조금씩 알 것 같은데 동시에 떠나야 할 때가 온 것이다. 아팠지만 소중하고 아름다웠던 유럽의 추억들이 내 발목을 잡고 놓아주질 않는다.
떠나는 아쉬움은 점점 커져 갔지만 버스는 무정하게도 흠뻑 젖어서 더욱 아름다운 파리를 뒤로한 채 우리를 공항에 내려놓았다.
마침내 비행기가 굉음을 내며 이륙하고 있다. 힘들었던 기억, 소중하고 아름다웠던 유럽에서의 모든 시간들이 나의 발목을 잡아끌지만 나는 그렇게 그곳을 떠나고 있었다. 파리는 점점 작아지더니 하나의 점이 되어 사라졌다.
창 밖으로 바다가 보인다.
지난 43일은 내게 또 다른 세계를 알게 해 준 소중한 시간이었다.
나와 함께하며 내 안의 나와 나 아닌 다른 사람을 깨닫게 해 준 유럽을 난 사랑하게 될 것 같다.

## good bye
# 내 마음속의 파리

화려하게 빛나는 에펠탑보다는
쓸쓸한 에펠탑이 좋아.
파리에서는
조금은 쓸쓸하게
조금은 허전하게
무엇인가를 그리워하면서 걸어야 할 것 같아.
가슴 한편에 아쉬움을 남겨두어야 할 것 같았던 곳.
그래서 유명한 곳들을 그냥 멀리서만 바라보고 지나쳤던 곳.
꼭 다시 오겠다고 다짐하며
하루 종일 세느 강변에 앉아 사람들을 바라봤던 곳.
그 어떤 곳보다도 black&White가 어울렸던 곳.

good bye
# a night in paris

개선문 사진을 찍겠다고 샹젤리제 거리 한가운데 삼각대를 세우고 두 시간을 버텼어.

차들이 쌩쌩 달리는 중앙선에서 조그만 동양인이 사진을 찍고 있는 게 꽤나 신기했나봐.

사진을 다 찍고 돌아섰는데 나랑 사진을 찍고 싶어하는 외국인이 여럿 있더군.

마침내 숙소에 돌아와서 사진을 살펴보는데 한숨만 나오더군.

그런데 마지막 사진은 분명히 노출에 실패한 사진인데 지우기가 싫더라.

왠지 저 문으로 들어가면 시간을 되돌릴 수 있을 것 같았어.

누구나 이런 생각 한 번쯤은 하겠지?

노을을 가만히 보고 있으면
어느새 얼굴도 마음도
눈시울도 붉어져 간다.
Sunset은 아름답지만 슬프다.

# good bye 아쉬움

가난하기만 한 배낭여행객들은 언제나
아쉬움과 부러움이 가득하게 마련이다.
길을 걷다가 멋진 물건을 발견해도,
먹고 싶은 것이 생겨도,
가고 싶은 곳이 있어도,
발걸음을 돌려야 할 때가 있게 마련이다.
그럴 때면 내 작은 카메라는 바빠지기 시작한다.
아쉬움들을 작은 사진기 속에 담는 걸로 대신해야 하기 때문이다.

## good bye
# 나에게로 떠나는 여행

어떤 사람은 마음이 아파서 떠나기도 하고, 어떤 사람은 일상이 지겨워서 떠나기도 하고, 어떤 사람은 아무 이유 없이 떠나기도 한다.
하지만 많은 사람들은 떠날 이유를 찾느라 못 떠나기도 한다.
인간은 사랑에 빠져 있을 때도 슬픔에 잠겨 있을 때도 이기적이다.
때때로 가슴이 터질 것처럼 아플 때가 있다. 내색하지 못하지만 자기만큼 아픈 사람은 없을 거라고 생각할 때가 있다. 시간이 지나 그토록 힘들었던 순간을 돌아보면 남들도 나와 다르지 않음을 알게 된다.
우리는 그렇게 저마다 각자의 자리에서 자기의 짐을 짊어지고 살아간다. 그 짐은 어떤 누구도 덜어 줄 수 없는 오직 자기 자신만의 몫이라는 걸 우리는 모두 알고 있다. 시간이 지나 감당할 수 없을 만큼 짐이 무거워졌을 때, 그때야 비로소 짐을 내려놓아야 하는 이유를 찾기 시작한다. 결국 짐의 무게에 허덕이다 주저앉아 버리고 만다. 그리고 우리는 다시 그렇게 하루하루를 살아간다.
여행은 일상으로 돌아가기 위한 준비임을 잊지 않아야 한다.
여행은 떠나야 할 이유를 찾고 자신에게 동의를 구하고 나서야 떠나는 것이 아니다. 떠나야 했던 이유는 여행을 하면서 조금씩 알게 될 것이다. 우리에겐 앞으로도 걸어가야 할 길이 많이 남아 있다.
그렇기에 나에게로 떠나는 여행은 계속되어야 한다.

Chapter 5

# I'm Nova

## good bye
# Into The Rain

이따금 하늘에서는
아픈 비가 내리곤 한다.
떨어지는 빗방울을 바라만 봐도
눈앞이 흐려지고 마음이 시려오는
아픈 비가 내리곤 한다.
우산을 써도,
눈을 감아도.
귀를 막아도 막을 수 없는
아픈 비가 내리곤 한다.
이제는 바보처럼 주저앉거나 도망가지 않아.
비가 그치고 나면 또다시 태양이 뜨고 따뜻한 바람이 불어와
내가 걸어갈 길을 환히 비춰줄 테니까.

## good bye 내가 여행하는 방법

여행에서 가장 즐겁고 설레던 순간은 여행을 꿈꾸고 준비하는 시간이었던 것 같다. 난 이번 여행에서 무엇을 버리고 무엇을 얻어 올 것인가? 첫 유럽 여행이니만큼 유럽의 여러 가지 문화, 음식, 사람들을 직접 느껴보자. 이런 마음만으로도 이번 여행의 의미는 충분하다고 생각했다. 내 첫 번째 유럽 여행의 테마는 '유럽을 느끼자'였다.
그런데 언제부터인가, 여행이라는 게 조금씩 부담으로 다가왔다.
아침을 챙겨 먹으려면 꼭 일곱 시에 일어나야 하고, 꾸물대다가는 샤워실 앞에서 한참을 기다려야 해. 오늘은 어제 보지 못한 관광지를 다 돌아봐야 하고, 유명하다는 음식도 꼭 먹어 봐야지. 시간이 없어. 남들이 보는 거는 다 보고 갈 거야.
여행을 하면 할수록 여행객이 아닌 관광객이 되어 가고 있었다. 그래, 오늘은 지도도 없이 카메라만 가볍게 매고 사람들 속으로 들어가 보는 거야.
카메라 숍에 들러 카메라를 구경하고, 흑백 필름도 한 통 사고, 조그만 구멍가게에 들러 먹고 싶었던 오렌지도 하나 사고, 공원 벤치에 앉아 낮잠도 자고, 길에서 우연히 듣게 된 음악에 취해 한참을 서 있기도 하고, 지나가는 꼬마에게 먼저 인사를 건네 보기도 하고…….
많이 걸어서 피곤했지만, 오늘 하루는 정말 좋았어.

## good bye 비상

더 이상의 슬픔도 원망도 접어 두고
착각 속에 지나온 날들이 아니었기를 바란다.
이제 나는 다시 태어나려 한다.
묵묵히 밤하늘을 비추고 있는 저 별처럼
세상을 환히 비추고 싶다.
사라지지 않고 항상 묻어나는 향기가 되고 싶다.
화려하게 날갯짓하는 새처럼
힘차게 비상하고 싶다.

## good bye 여행을 떠나는 이유

『갈매기의 꿈』을 읽으면서 '가장 높이 나는 갈매기가 가장 멀리 본다' 라는 말이 가슴에 와 닿을 때가 있었다.

현실에 안주하고 그 이상을 보기를 거부하는 내 자신이 싫어질 때가 있었다. 몸도 마음도 훌쩍 커버린 지금, 이게 아닐지도 모른다는 생각이 든다.
너무 앞만 보고 달려가는 게 아닐까?
너무 먼 곳만을 보려다가
내 앞에 있는 소중한 것들을 놓쳐 버리지는 않을까?
물론 가장 높이 나는 갈매기가 가장 먼 곳을 볼 수 있지만, 자기 앞에 놓여 있는 소중한 것들을 미처 보지 못하고 지나쳐 버릴지도 모른다.
이제 가끔씩은 가장 낮게 나는 갈매기가 되고 싶다.
비록 먼 곳을 보지는 못할지라도
지금 눈앞에 있는 것들을 자세히 보고, 그 소중함을 깨달을 수 있다면
가끔은 가장 낮게 나는 갈매기가 되고 싶다.
내가 여행을 떠나는 이유는
사랑하는 사람들이 함께 살아가고 있는 이 세상이
얼마나 아름답고 소중한지를 깨닫기 위함이다.

# good bye
# 유럽에게

카메라와 렌즈가 담긴 배낭
물 한 통
땀에 젖어버린 지도
바람을 막아주던 털모자
이마에 맺힌 땀을 식혀 주던 시원한 바람
나도 모르게 내쉬었던 나지막한 한숨
그리움에 목이 메던 시간.

그리고 다시 용기를 주던
나의 하늘.

눈부신 하늘을 보면
날아가는 비행기를 보면
짙은 그리움 때문에
순간순간 가슴이 뛰곤 해.

잘 지내고 있지?
I MISS YOU.

## good bye 여행이 남겨준 것들

언젠가 유럽의 낯선 곳을 헤매고 있었다.
무작정 떠났다. 상황이 나빠서, 마음이 '쿡' 하고 아파서,
죽음 같은 슬럼프가 몰려와서.
내가 사랑하는 사람들, 그리고 나를 지탱해 주고 있는 꿈들이
얼마나 소중한지 느끼고 싶었다.

일상의 탈출구로서 그렇게 무작정 떠났던 여행.
여행이 나에게 남겨준 것은 무엇일까.
세상이 나에게 일깨워준 것은 무엇일까.

여행을 떠나기만 하면,
언제나 진정한 내가 될 수 있다고 생각한 적이 있었다.
자신을 되찾기 위해 휴식을 취하기 위해
여행을 떠난다고 생각한 적이 있었다.
하지만 여행을 해야만
자신을 되찾거나 휴식할 수 있는 것이 아니라는 것을,
자기회복은 자신의 정신력에서 찾을 수도 있다는 것을,
남들이 아무리 위로해 줘도 결국은 스스로에게 하는 말이

치유할 수 있는 위로가 된다는 것을,
여행은 다시 어떤 것을 비우고 채울 수 있는 좋은 기회라는 것을,
이제야 깨닫고 있다.

반복되는 일상 속에서 어디론가 떠나고 싶다는 생각을 자주 한다.
하지만 진정한 나를 찾기 위해서 떠나본 사람들은 알고 있다.
일상이 얼마나 소중한지.
일상이 없는 현재는 존재하지 않는다는 것을 잘 알고 있다.

이 글을 읽는 사람들 모두가 탈출이 아닌
도약을 위한 여행을 꿈꾸기 바라며.

# good bye 고독의 끝

고독의 끝은 사랑이다. 사랑은 인생에서 가장 달콤한 비밀이다. 몇 주, 몇 달, 혹은 몇 년을 목표를 추구하느라고 허둥거린 후에 고독한 사람은 자신만의 자아 지반을 마련하기 위해 다른 사람의 팔을 뿌리쳐도 된다. 당신이 고독을 발견하고 자신의 편협함을 벗어난다 하더라도 나는 어디까지나 나일 따름이다. 기계적인 키스가 아니라 헌신과 희생의 키스는 모든 꿈에 종지부를 찍고, 꿈을 현실로 되돌린다.

고독을 견딜 줄 아는 사람만이 사랑할 수 있다. 그렇지 못한 사람은 이 애인에서 저 애인으로, 한 관계에서 다른 관계로 건너뛴다. 많은 사람들은 고독에 대한 불안감에 사로잡혀 사랑을 도도히 흐르는 강처럼 여긴다. 사랑하는 사람은 대개 상대방을 사랑한다기보다 사랑한다는 감정을 더 사랑한다. 상대방은 언제나 목적에 이르는 수단일 뿐이다.

사랑하고 난 뒤에는 남녀 할 것 없이 누구나 외롭다. 자신에게 반하고 매인 사람은 다른 사람을 사랑하지 않는다.

사랑을 발견할 수 없다는 것이 고독에 대한 유일한 변명이다.

Epilogue
# 나는 행복했다

꽤 오랜 시간이 흘러, 이제야 고백을 한다.
낙서하듯 적어 놓았던 메모들을 읽다 보면, 피식 웃음이 나기도 하고, 알 수 없는 그리움에 눈이 맵기도 하다. 뜨거운 햇볕을 받으며 거닐던 유럽의 거리가 아직도 생생한데, 기억속의 내 모습은 희미하기만 하다.

나는 그립지 않아서 떠났다. 끝이라는 걸 인정할 수 없었기에 그립지 않았다.
"더 이상 내 안에 그리움이란 없어" 하고 거짓말을 하는 게 힘에 겨워 무작정 떠났다.
사랑이라는 생명 줄이 끊어지면서, 그 줄을 다시 잇기 위해 본능적으로 몸부림쳤다.
그렇게 허둥대는 사이에, 스스로에게 얽매여서 슬픔이라는 감정에 빠져들었고 벗어나려 애쓰지 않았다. 그리움과 사랑이 어우러지지 않은 삶은 아름다울 수 없다. 돌아오는 길에 나는 비로소 그리움의 끝은 다시 사랑이라는 것을 깨달았다.

돌이켜보면, 나는 충분히 행복했다.

슬퍼할 수 있는 추억이 있어서 행복했고, 추억이라고 부를 수 있는 기억들이 있어서 행복했으며, 나를 기다려주는 사람들이 있어서 행복했다. 그리고 그 순간을 담은 사진 한 장이 있어서 행복했다.

어수룩하기만 했던, 그 시절 내 고백들, 그리고 사진들이 책이라는 이름으로 포장되어 세상에 내어 놓는 게 한없이 쑥스럽다.
그저 이 낙서집을 보는 이들이, 잠시 추억에 잠겨서, 눈물짓고, 미소 지을 수 있다면, 행복할 것 같다.

지난 추억을 가슴 한 귀퉁이에 깊숙이 묻어놓고 되뇔 수 있다는 건 축복이다.
누가 추억은 힘이 없다고 했는가. 미안함에 마음이 아려올 뿐…… 추억은 절대 나약하지 않다.
사랑에 옳고 그름은 없다. 저마다 사랑을 표현하는 방법이 다를 뿐이지, 누구에게도 잘못은 없다. '사랑'을 사랑하는 것이 아닌, '사람'을 사랑할 수 있기를 간절히 바란다.

수많은 별들 중에 하나만을 바라봐 주는 한 사람과 눈물과 웃음으로 항상 격려해 주시는 어머니, 그리고 카메라를 내 목에 걸어 주시고, 여기까지 이끌어 주신 아버지께 이 책을 바칩니다.

초판 1쇄 발행 2006년 9월 30일
초판 7쇄 발행 2010년 1월 25일

글·사진 Nova 박성빈

**발행인** 양원석
**편집장** 이양훈
**편집인** 민현선

**펴낸곳** 랜덤하우스코리아(주)
**주소** 서울시 강남구 삼성동 159번지 오크우드호텔 별관 B2
**편집문의** 02) 3466-8830
**구입문의** 02) 3466-8955
**홈페이지** www.randombooks.co.kr
**등록** 2004년 1월 15일 제2-3726호

ISBN 978-89-255-0153-6 (03810)

※ 이 책은 랜덤하우스코리아(주)가 저작권자와의 계약에 따라 발행한 것이므로
  본사의 서면 허락 없이는 어떠한 형태나 수단으로도 이 책의 내용을 이용하지 못합니다.
※ 잘못된 책은 구입하신 서점에서 바꾸어 드립니다.
※ 책값은 뒤표지에 있습니다.